藍學堂

學習・奇趣・輕鬆讀

為什麼丹麥人下午 4 點就下班？

丹麥式幸福工作法

能高效工作、兼顧家庭又身心平衡的78個思考

デンマーク人はなぜ4時に帰っても成果を出せるのか

針貝有佳——著　劉亭言——譯

目次

第2章

真正的「時間價值」——為了充分享受人生而「在限制內擠出時間」

放鬆很好！因為放鬆，所以很好！

第3章

具備產值的「人際關係」——在信賴的基礎上，依賴與被依賴　127

第4章

培育國際競爭力的社會「架構」——以轉職為前提的資歷養成

推薦序

聰明、自律的幸福工作法則

吳媛媛

我在瑞典的大學工作，常覺得瑞典同事們，尤其是家裡有孩子的，每天來去就像一陣風。下午四點還沒到，各個辦公室就傳來窸窸窣窣準備回家的聲音，四點過後，辦公室樓道鳥獸散盡，還留下工作的，往往是中國和日本同事。與歐洲國家相比，東亞國家的法定休假天數一般較少，最高工時也更長。除了法制之外，台灣人即便離開公司，仍習慣把工作帶回家做，或是在半夜、假日回覆工作郵件和訊息。過勞文化下，忙到沒時間生活，這已經是台灣上班族的普遍寫照。

看看光譜另一端，以社會福利著稱的北歐國家，不管是在法制面還是文化面，都致力於控制工作在生活中的占比，注重工作生活平衡。

想必很多人覺得，北歐國家工時這麼短，一定生活很輕鬆悠哉吧。然而事實是恰恰相反的，我觀察僅管瑞典人工時不長，但多數人為了讓自己和家人生活充實有趣，經常忙得分身乏術、不亦樂乎。下班時間一到，有孩子的同事會急忙趕去接小孩放學，用心經營家庭時間。單身的人也會認真規畫生活，上健身房運動、看書，或是培養其他興趣。換句話說，**瑞典人不是工作不忙而生活輕鬆，而是忙著生活忙到沒時間工作**。

在拜讀《丹麥式幸福工作法》時，我發現本書作者和我同年出生。來自日本的她在丹麥生活工作，想必也經歷了同樣的工作文化洗禮。而我認為本書的可貴價值在於，與其從社會和政治傳統的角度去探究北歐模式的緣由，**作者更側重於實際的執行層面，她想知道的是：「在縮短工時的情況下，究竟要怎麼維持競爭力？」**

誠然，北歐社會的政治文化和勞工運動傳統的確是打造出北歐完善勞動環境的根本，然而在改善勞動環境的情況下，能夠不犧牲效率和競爭力，也絕對是值得探討的層面。

作者的**訪談整理內容豐富、訊息清晰**，我發現她常常提到兩個字：「嚴格」。她提到，丹麥社會的良好制度，讓生活和工作平衡及性別平等分工成為可能。然而在此同時，丹麥也是一個「嚴格」的國家。男性不能以工作為藉口而放棄育兒，同時女性不能以家事育兒為藉口放棄工作。所有人也不能以工作為藉口，放棄生活的品質。

為了做到這一點，丹麥人被迫找到更有效率的工作心法，值得讀者借鏡。然而我認為本書作者在介紹這些工作心法時，更想強調的是，**所謂的「工作法」，並不是要無窮無盡地追求經濟成長，而是為了尋求自我成長和平衡**。本書當中受訪的丹麥人除了說明如何更有效率之外，也不斷反思工作、金錢、家庭種種面向對自己的意義究竟為何，並且做出取捨。這種看起來瀟灑帥氣的決斷背後，是嚴謹和透澈的思考，這對我來說也是一個受用的提醒。

最後，作者在書中用日本的明太子義大利麵為例，期待源自海外的靈感，可以用適合日本的方式在本土扎根。不管靈感源自哪裡，如果要能讓我們比昨天更聰明、更幸福一點，何樂而不為呢？

（本文作者著有《當個普通人也很自豪：我在瑞典生活，發現了幸福的寬度》等書）

推薦序

丹麥人的專注，造就了幸福平等的社會

張宇文

我搬到丹麥不久後，最常問自己和周圍人的問題是：「丹麥人為什麼這麼有錢？」

我提出這個問題，不是因為他們看起來特別有錢，也並非因為他們真的特別有錢。我問這個問題的理由，呼應了本書作者的觀察：他們工作步調相對緩慢，工作時數相對低，但為什麼可以維持跟其他拚死拚活的國家一樣的生活水準呢？

我在丹麥學術界中，觀察當地的同事和學生，誠心地說，我不認為他們能力上有多特別。相反地，我認為他們的能力及工作態度相對散漫、沒有野心。我在招博士生時，比較不願意收在丹麥受訓練的學生。我有一個美國籍的博士學生，他來丹麥不到一年，已經被兩位當地學術界大佬指出他太拚了，不需要這麼努力。他們甚至跟他說，丹麥學術界對博士生的要求就是「達到平均就好」，不需要特別突出。我聽到他的敘述時並不訝異，因為我自己成功獲得了好幾個國內外的研究經費，卻被大學行政人員說：我太成功反而不好，不需要這麼有野心。

在這樣的環境下，我換句話說，回頭再問一次：「丹麥人到底厲害在哪裡？」本書作者第一章就提出了丹麥是個充滿「矛盾」的地方。這就是其中一個矛盾。我不是總體經濟學家，更不是社會或歷史學家。以下純粹是我個人好奇之餘，以「armchair expert」的觀點結論。

這本書沒有討論這個問題，但是這屬於本書觀察的重要背景知識。我因此詢問了一些丹麥歷史專家。專家們提出三個造就丹麥經濟發展成功的假設。第一，丹麥沒有受到世界大戰太多影響，所以經濟上相對維持穩定。長期的複利（compounding）原則讓他們比其他戰後歐洲國家富裕。第二，丹麥沒有被殖民統治過，也沒有外來的敵對國家，所以不需要花太多資源在國防和外交上。第三，兩性平權相對高，因此女性就業率也高，造就他們的工作人口數比他國大。這些專家並沒有說到，丹麥比他國工作更努力或更有效率（因為的確沒有），也沒有說丹麥人比較聰明或有比較好的商業頭腦。

丹麥重要的企業都是老公司。世界最大的航運公司麥斯基（Maersk）成立於一九〇四年；樂高積木（Lego）是一九三二年創辦的；啤酒公司嘉士伯（Carlsberg）是一八八二年設立的；最近很紅的胰島素跟減肥藥公司諾和諾德（Novo Nordisk）的前身分別於一九二〇及一九五一年成立的。相較之下，新創公司沒有瑞典或其他歐洲國家多。

看完本書後，我領悟到，我先前提的：「丹麥人為什麼這麼有錢？」不是一個好的問題。正確的問題應該是：「丹麥為什麼可以把社會規畫得這麼平等安穩，讓丹麥人民可以快樂自在地過日子？」

如同本書作者所提，丹麥人重視生活品質。他們強調工作時數不可以超過法律限定的一週三十七小時。他們極度保護七月一整個月放假的權利。他們重視工作與生活的平衡，不管需不需要接小孩下課，大家每天都下午兩、三點就回家（不是只有星期五）。

丹麥社會對於縮小貧富差距和其他平權問題格外重視，建立了一套完善的社會福利制度來保護弱勢群體。丹麥在性別平等方面也做得相對比歐美他國好，在公園或學校接送孩子時，可以看到父、母參與的比例幾乎相等；此外，丹麥的女性就業率亦是世界上最高的國家之一。

另外，在兒童教育上，丹麥人花較多時間在處理人際關係跟訓練兒童獨立做事的能力。相較之下，他們的學術訓練就比較弱。我在大學看到的丹麥學生學術素質，比留學生低。

他們在意的不是競爭力，不是國際排名。當然，他們替自己的產業感到驕傲。但是，**他們似乎想通、悟到人生重要的是什麼：是生活品質，是照顧社會每個成員，是個人工作**

與生活的平衡。然後其他事情是其次，都退居二線。

丹麥人似乎比其他人還知道要如何考量優先順序（prioritization）。我最近閱讀諾和諾德的歷史，他們成立以來就只專注於糖尿病相關的產品。其他大藥廠研發產品的內容則是琳瑯滿目，各種不同疾病領域都研究。在讀本書時，我觀察到或許諾和諾德也是反映丹麥人民重視優先順序的例子之一。

雞生蛋，還是蛋生雞？

本書敘述了許多丹麥特別的現象，例如無現金社會、工作後不應酬、上下屬關係相對平等、去除瑣碎手續，以及行政官僚簡單化等。是什麼造就丹麥人成為現在這樣樣子呢？我的推論是這樣：因為丹麥人重視個人生活品質和社會平權，造就了作者所描述的現象。他們因此設計出高稅福利制度來照顧大家。他們也希望貧富差距不要太大，所以大家的薪水都相對高。因為他們的薪資跟稅金高，所以政府跟產業盡可能把不必要的行政過程或浪費時間跟資源的事情去除，否則無法支付這麼多高薪資的工作。去除掉的，就包含了減少官僚系統、階級制度。另外，他們也只能信賴他人，推廣直接溝通（因為沒有資源讓他們去間接委婉溝通，也沒時間去懷疑他人）。但是，這因果關係也可能是反過來的：因為丹麥人對政府跟他人信賴程度高，也因為他們相對沒有上下制度，他們可以更自由地享受生活，願意繳納高稅去支持國家福利發展，去照顧比較低薪或人生相對不順利的人。

台灣可以從丹麥學到什麼？

作者提到，日本讀者或許質疑：「丹麥跟日本毫無關係，為什麼要知道丹麥的事？」我想，一些台灣讀者可能也會有這樣的疑慮。我們固然來自世界不同角落，面臨到的國際環境不同，文化上也有差異。但是，我認為，一個國家要進步，就需要不間斷跟他國交流學習。台灣有台灣的好，丹麥有丹麥的好。哪一天丹麥人邀請我分享丹麥可以從台灣學到什麼，我也可以長篇大論地敘述台灣成功的地方。

台灣可以從丹麥學到什麼？台灣畢竟是個相對年輕的民主國家，又有一個強悍的外交敵對，所以國家發展上的重點固然跟丹麥不同。但是我們可以開始思考未來，結合我自己以及本書作者的觀察，我認為有以下三點。

第一是，**不要小看自己**。丹麥是個小國家，跟台灣面積差不多大，人口僅台灣的四分之一，但是我很少聽到丹麥人把自己當成小國。

第二是，了解國家發展的重點是什麼，然後努力投資在這些領域上。丹麥讓我們看到，一個國家或一個人，不需要樣樣都強。**找到自己重視的事情，然後專注發展重點**。

第三是，**了解我們國家跟社會最重要的價值是什麼**。在丹麥，平權跟個人生活品質是很明顯的兩個核心價值。他們的政策、生活方式都源自於自己的價值觀。台灣有很明確的核心價值嗎？是民主開放（長期民主的國家似乎就不需要強調民主），還是奮發向上、努力才有收穫？同一個問題也可套用在在個人層面上。

通過對丹麥社會的觀察和探討，我認為丹麥的成功並非來自於拚命工作或競爭力，而是來自於對生活品質和社會平等的重視。丹麥人懂得如何平衡工作與生活，並且建立了一套完善的社會福利制度來保護所有社會成員。這種對平等和個人生活品質的重視，使得丹麥成為一個和諧、安穩的社會，讓每個人都能快樂地生活。本書敘述的現象，許多值得台灣人及台灣政府學習。

（本文作者為換日線專欄作家「反思中的丹麥小教授」、南丹麥大學丹麥高等學院副教授）

前言

國際競爭力前幾名的管理階層都下午四點下班

早上八、九點剛泡好咖啡，大家輕快地準備開始一天的工作，下午四點已離開辦公室。這是在丹麥國家「常見的」光景。

嚴格來說，大家並不是工作到下午四點。而是只要一過三點，管理階層還有經營幹部全都會切換為下班模式，關上電腦，開始整理桌面。

過了下午四點，辦公室變得寂靜，只見清潔人員正在打掃。

下午五點時，辦公室已空無一人。

這就是二〇二二年及二〇二三年，連續兩年榮獲國際競爭力第一名的北歐丹麥國家的真實狀況。[1]

我是在二〇〇九年年底前往丹麥的。我念研究所時，探討丹麥勞動市場政策，後與丹麥籍的先生結婚，此後便一直在丹麥生活。婚後我持續在當地近身觀察丹麥社會，並向日本媒體提供最新的丹麥資訊。

身為忙碌的自由工作者，我趁著把孩子送到托育中心的時間工作，總是想盡辦法在收托時間下午四點以前，完成任務。但當我四點多去接小孩時，托育中心幾乎已經沒什麼人了。

我望著空蕩蕩的托育中心，覺得不可思議。（我興起這樣的疑問：這些家長真的有好好工作嗎？）他們當然都有好好工作，而且夫妻兩人都從事全職工作。

丹麥的一般家庭都是下午四點接小孩，五點到六點左右是全家一起共享晚餐的時刻。丹麥人無論如何應該都無法想像，在東京每個日本人拚命工作到深夜，最後再擠上滿滿末班電車的景象。

對於從東京搬到丹麥住的我來說，丹麥人的生活方式也確實超乎自己的想像。下午四點就結束工作，與家人、朋友享受團聚的時光。此外，也會添購家具或維修房子，享受ＤＩＹ的樂趣。

時間一到週五，更是在下午兩、三點就結束工作。週末時光大家忙著參與體育賽事或慶生會，更是經常邀請親戚好友到家裡辦派對。不能說丹麥人沒在工作，但看來真的不像認真努力工作。

然而，這個國家卻在二〇二二年、二〇二三年連續兩年獲選為國際競爭力排名第一，這是毫無疑問的事實。不僅如此，丹麥就連世界數位競爭力、E化政府排行及環境表現都是世界第一，二〇三〇永續發展目標（Sustainable Development Goals, SDGs）達成度也經常保持世界前三名，可說是國際評價排行的常勝軍。[2][3]

那麼，到底丹麥人是怎麼工作的？為什麼即便下午四點就下班，卻還是能做出成果？

我身為丹麥文化的研究者，雖然已透過日本媒體分享了丹麥在地資訊逾十三年，但對我來說，撰寫本書特別有意義。書寫本書時，我一共採訪了超過二十位的丹麥商務人士，每一位都耗時深入訪談。

本書內容讀來讓人興奮且充滿力量，不只對日本人，對全世界的商務人士來說，本書都能在生活及工作上帶來啟發。

連續兩年榮獲國際競爭力第一的丹麥人，他們的工作型態如何？又是什麼工作觀及人生觀，支持著他們的工作模式？

我寫這本書的目的，就是想理解這件事。

一窺丹麥人的思考方式

閱讀至此，或許有人會想：「丹麥，跟日本或跟我的人生毫無關聯，我需要知道丹麥的事情嗎？」

確實，對於平常生活在日本的人來說，丹麥的確是跟自己「一點關係都沒有」。當我二十出頭歲時，也過著與丹麥沒有任何緣分的生活。

不僅如此，每當我聽到有人聊起國外的種種時，都覺得：「是喔。國外是這樣喔？可是日本……」日本有適合自己風土的生活方式及風俗民情，有自己的慣常做法，硬套用海外的制度或方法，不可能適合日本人。

其實，我光聽到別人說：「在國外……」，就感覺有些不痛快。然而，你愈認為丹麥跟自己「毫無關係」，我就愈希望你能讀這本書。

每當我分享關於丹麥的資訊時，通常都會得到這樣的回應：「丹麥是很棒，但基本環境與制度跟日本完全不同，希望在日本做相同的事實在強人所難，根本就不適合。」

這種說法有道理。像直接進口國外商品，對日本人來說，有時會尺寸偏大，穿起來不適合日本人的體型。若是直接導入國外制度，也很難跟日本原有的各種制度配合。

因此，我寫這本關於丹麥的書，完全沒有要日本照單全收的意思。本書想提供的並非丹麥的資訊。因為在人工智慧（Artificial Intelligence, AI）如此發達的今日，只要有興趣，只需幾秒鐘就能蒐集到遙遠異國的資訊。

本書想談的是更為核心的內容，是關於丹麥人基本「思考事物」的方式。那是我浸泡在丹麥社會生活中，用丹麥語直接與丹麥人對談後，才能感受並理解到的。本書奠基在丹麥人的生存語言上，交織出丹麥人如何在工作及生活中，貫徹他們獨特的人生態度，這些是使用ＡＩ也找不到的答案。

不管你喜不喜歡，要不要先一窺丹麥人的工作模式，及支持此工作模式的「思考觀點」呢？丹麥不僅是幸福度前幾名的國家，也同時位居國際競爭力第一，丹麥一定有不同的「什麼」吧。

在理解丹麥人的「思考觀點」後，期待大家都能自由選取，並加以運用。

搭配是日本人的強項，具有將源自海外的靈感，針對日本人客製化的能力。正如日本人開發出被義大利人視為邪魔外道的「明太子義大利麵」，我們或許能夠以丹麥人的工作模式為靈感，設計出一套令丹麥人嗤之以鼻卻又感覺有趣的「工作模式」。

希望大家帶著遊戲的心情，都能從本書中獲得啟發。

為了發揮最好的表現，丹麥人會怎麼做？

本書的內容結構如下：

第一章　為何現今北歐丹麥備受世界矚目？
第二章　真正的「時間價值」——為了充分享受人生而「在限制內擠出時間」
第三章　具備產值的「人際關係」——在信賴的基礎上，依賴與被依賴
第四章　培育國際競爭力的社會「架構」——以轉職為前提的資歷養成

首先，在第一章我將大略介紹自己居住的國家丹麥。閱讀本章時，可保持輕鬆心情，快速瀏覽即可。

之後的第二章與第三章，透過「時間」與「人際關係」的觀點，分析國際競爭力第一名的丹麥人，他們的工作模式。這也是本書重點，內容豐富、深厚，希望大家可以多花時間仔細咀嚼。

第四章介紹丹麥人的工作觀與職涯觀，最後談到支撐高生產力的丹麥社會特徵。

讀完本書，相信大家一定能夠理解丹麥國際競爭力如此強大的理由。作為個人、組織、社會，又該怎麼做才能表現卓越？本書應該能看見發揮這般成果的思維脈絡。

改革日本人的生活方式，可能實現嗎!?

這裡先來說說我的故事。

二〇〇九年年底我搬到丹麥居住，當時我深受丹麥社會真實狀況所震撼，每當又發現可以啟發日本的資訊時，便會透過各種媒體傳達給大家。

假使大家問我是否正過著迷人的丹麥生活嗎？其實我的回答是也不盡然。一開始剛搬到丹麥時，我確實相當享受丹麥在地人的生活，但漸漸地生活卻開始失去餘裕。

當時的我接下各種工作，十分忙碌，工作之餘還參與各類私人活動，總是忙得焦頭爛額，也給家人添了不少麻煩。

只要想到還有工作任務沒完成，我就沒辦法「休息」，而且始終無法拒絕別人委託的工作。結果，我全部的心力只能用來處理眼前的任務，以「工作」及「社交」為名，減少了與家人相處的時間，我覺得這是沒辦法的事。

其實最需要「改革生活方式」的，就是我自己。

老實說，我寫這本書時，丹麥先生這樣拜託我：

我很支持妳的出版工作，不過，**我真的希望妳可以改變現在的生活方式。我希望妳能好好睡覺，好好放假，希望妳可以重視跟家人相聚的時間**。只要工作效率好，就算短時間也應該可以做出成果吧。

沒錯，撰寫本書也是我的「親身實驗」。

我希望藉本書分享國際競爭力第一名的丹麥人工作模式，而我也在寫書的過程中，重新審視自己的工作模式，希望改革自己的生活方式。

目前還不知道我的「親身實驗」會不會成功。結果我將在〈後記〉向大家報告，敬請期待！

第 1 章

為何現今北歐丹麥備受世界矚目？

那麼，歡迎大家來到丹麥。

不用說，住在丹麥的我，現在正在丹麥寫這本書。

我位於首都哥本哈根（Copenhagen）郊外、羅斯基勒市（Roskilde）的「MUSICON」重劃區，這區域帶有些微嬉皮的味道，充滿創意氣息。我坐在共享辦公室的一角，一邊喝著剛煮好的咖啡一邊寫作。

在進入本書正題之前，第一章會先介紹我居住的國家丹麥，讓大家對丹麥是什麼樣的國家有初步的印象。

讀完第一章，相信大家就能理解為何我可以研究丹麥社會超過十五年卻不厭煩，而且你一定也會想試著過過丹麥人的生活。

國際競爭力第一的北歐小國
——「商業先進國」的真實樣貌

充滿矛盾的迷人國度

北歐丹麥充滿迷人的矛盾。

走進超市，裡面沒有吸引人、豐富多樣的便當及熟食，有的只是價位約在五百至一千兩百日圓左右的三明治及沙拉，食物商品選項少得可憐。為什麼沒有其他不錯的、價格也合理的食物選擇呢？

不過，在丹麥關於升學、結婚、離婚、就業、轉職等的人生選項卻很多元，完全不會出現被迫二選一的局面。正如同幅員廣闊、路線眾多的電車路線般，在丹麥人生的選擇很豐富，即使要修正路線也很容易。

丹麥國民一般來說對吃不太在意，就算午餐只吃咖啡色的裸麥熱壓三明治就很足夠。

相對於此，卻有很多男性享受烹飪樂趣，且在丹麥引領世界美食潮流的餐廳也意外地不少，雖然價位高得驚人。

丹麥物價高昂，在咖啡店點一杯拿鐵，加一個三明治就要約兩千五百日圓，而兩千五百日圓也是這邊一般的最低時薪。

稅金也高，消費稅高達二五%，薪水的一半都必須拿來繳稅。不過醫療及教育完全免費，社會福利制度良好，給人一種不管人生發生什麼事都沒問題的安心感。

丹麥國民喜歡打造家庭菜園，週末就去公園或森林散步，熱愛悠閒的自然生活。丹麥也是「數位先進國」，連高齡長者也會使用網路銀行服務或在線上辦理手續。

丹麥面積比台灣大，4 人口數約五百九十萬，但在各類國際社會評比排行上，如幸福度、低貧困率、貧富差距小、低貪汙率、數位化、國際競爭力卻是壓倒性的勝出。5

我實際住在這裡後發現，類似這種矛盾並非矛盾，而是必然。乍看之下會以為這是一種矛盾現象，但其實蘊含因果關係。或許大家現在還無法理解原因，但讀完本書之後，相信你們都會深深同意丹麥的優秀其來有自。

「世界最幸福國家」只是丹麥的一個側面

這些都是丹麥給人的印象：時髦的北歐設計家具及雜貨、安徒生童話出現的故事街景，還是具備社會福利完善的世界最幸福國度。或許大家也聽過，丹麥語中的「Hygge」一詞代表舒適之意。

說到北歐丹麥，大家聯想到的應該都是富裕幸福的溫暖舒適印象。這確實是丹麥，但也只是丹麥的其中一個面向。

現在就來看看丹麥在經濟上的排名表現。

國際競爭力 第一名（連續兩年，二〇二二年及二〇二三年）[6]

數位競爭力 第一名（二〇二二年）[7]

未來五年的商業環境 第三名（二〇二三年）[8]

大家看到這些數字後，覺得如何？丹麥在經濟上的存在感也是不容小覷吧。

以下是幾家世界聞名的丹麥企業。

以樂高積木玩具廣為人知的樂高公司；[9]由三得利代理進日本的丹麥啤酒大廠嘉士伯；[10]從事風力發電機設計、製造、販售的世界大廠維特斯（Vestas Wind Systems,Vestas）；世界第一的貨櫃航運巨商馬士基（Maersk）；全球製藥的巨頭諾和諾德等。

台北、新北加總人口數多於丹麥全國人口數，[11]然而活躍於世界舞台的丹麥企業卻是意外地多。

世界第一的壓倒性「企業效能」

二〇二二年，丹麥獲評為國際競爭力世界第一，備受世界矚目。二〇二三年再次奪冠，連續兩年都稱霸世界。

這項評比排名是由瑞士洛桑「國際管理發展學院」（International Institute for Management Development, IMD）做的調查報告，日本在二〇二二年得到第三十四名，二〇二三年則是第三十五名。[12][13]

為什麼丹麥的國際競爭力如此之高？

短期來看，丹麥急速成長的原因是，經濟狀況有所改善。而長期、綜合來看，丹麥壓倒性的強項則在於「企業效能」。

國際競爭力排名是以「經濟表現」、「政府效能」、「企業效能」、「基礎建設」四面向，進行綜合評比。在「企業效能」項目上，丹麥從二〇二〇年到二〇二三年，連續四年都是世界第一。

【丹麥】（二〇二三年）
經濟表現 第五名
政府效能 第五名
★企業效能 第一名（連續四年）
基礎建設 第二名

【日本】（二〇二三年）
經濟表現 第二十六名
政府效能 第四十二名

企業效能 第四十七名
基礎建設 第二十三名[14][15]

順便一提，在國際競爭力上扯日本後腿的項目正是「企業效能」。看來丹麥應該有可讓日本獲得啟發的企業特質。

競爭力的關鍵是面對時代變化的能力

那麼「企業效能」是怎麼評測的呢？

國際管理發展學院將「企業效能」分為五個項目，分別是「生產力及效率」、「勞動市場」、「金融」、「經營管理」和「行為態度與價值觀」。

五個項目中，丹麥位居第一的是「生產力及效率」及「經營管理」，「行為態度與價值觀」則是第三名。以下是此三項評比看的項目。

「生產力及效率」（第一名）：人均GDP、勞動生產力、農業、產業、服務業的生產力、大企業及中小企業的效率、數位化等。

「經營管理」（第一名）：敏捷性（agility，臨機應變的能力）、董事會功能、與決策相關之大數據分析的活用、創業家精神、社會責任、女性管理階層等。

「行為態度與價值觀」（第三名）：對於全球化的積極性、品牌管理、彈性與適應力、經濟與社會改革的需求認識、企業的數位轉型（Digital Transformation, DX）、社會價值觀等。16

丹麥工會聯合會（Danish Industry, DI）的首席經濟分析師艾倫・索倫森（Allan Sorensen）這樣分析：

> 丹麥之所以擁有高度國際競爭力，是因為企業能夠迅速應變，員工有好的工作動機，還有高度的數位轉型。

索倫森亦補充說明，丹麥企業傾向將員工、社會、環境的狀況列入考量，這種風格符合時代需要。17或許，索倫森的分析也可以這樣換句話說：**丹麥人擁有察覺時代需求並改變的能力**。丹麥人之所以能夠在各項評比排名中獲得高度評價，正是因為擁有預見未來的「先見之明」。

平時看來悠閒的丹麥人其實都在背地裡默默準備，一旦發生變化，總能快速應變。

一起和丹麥人生活之後，我發現他們非常喜歡DIY及打造家庭菜園，他們就算在無人島上也能夠活下去吧，大家都具備優異的「生存能力」。

丹麥人能確實掌握環境的變化，將自身的智慧及資源發揮到極限，無論遇到什麼狀況都能持續前進。

這就是丹麥人能撐得起「商業先進國」名號的真實樣貌。

引領時代的「先見之明」

──享受變化，同時有令人驚豔的對應力

簡單來說，就是丹麥人有「先見之明」。

下面的排名，就是丹麥人擁有先見之明、能因應變化的明顯證據。

「世界第一的自行車城市」哥本哈根

環境績效指數第一名（連續兩次，二〇二〇年、二〇二二年）[18][19]

SDGs達成度第三名（二〇二三年，自二〇一六年公布評比開始，丹麥每一年都是前三名）[20]

E化政府排行第一名（連續三次，二〇一八年、二〇二〇、二〇二二年）[21]

此外，丹麥人是「樂於」順應變化、率先改變的。關於此點，只要你來到丹麥首都

「世界第一的自行車城市」哥本哈根，就可實際感受。

我在二〇〇九年年底搬到丹麥時，自行車的基礎設施如自行車專用道、自行車專用號誌、電車內的自行車停車場等都已經建置完善，之後的都市開發速度更因「自行車政策」而快速展開。

「打造友善環境」是哥本哈根的城市理念，為了進一步減少碳排量，更是加速推動「自行車政策」。哥本哈根陸續增加自行車專用道及停車場的同時，也建設了自行車專用橋梁「Snake」，聯結都市與地方的「自行車專用高速公路」於是成形。

自行車專用道的平均時速約十六公里，順暢時甚至可以飆到二十公里，騎來非常爽快。[22]

我住在哥本哈根五年，徹底迷上眺望運河美景，邊迎風騎車的舒暢感。我實在太喜歡騎車了，就算懷孕挺著臨盆大肚，還是繼續踩著自行車移動。在「世界第一的自行車城市」哥本哈根騎車馳騁，真的好快樂。

環境政策原是稍嫌艱澀的困難課題，然而市民卻能轉換心情打造自行車城市，這就是丹麥。

從「無現金社會」到「無卡社會」

再舉一個丹麥順應時代變化而改變的實例，即領先世界的「數位化」。丹麥在E化政府排行上連續三次獲得冠軍（二〇一八年、二〇二〇、二〇二二年），數位競爭力排行也是第一（二〇二二年），是名符其實的「數位化先進國」。[23]

生活在這裡的我，也親眼見識了「數位化先進國」的真實樣貌。

在丹麥生活，如果你身上只帶現金可能會很困擾。

幾乎所有客人都是以信用卡或手機支付費用，店家通常也不會準備足夠的現金。基本上，大家根本不會想到需要用到現金。

以下是我的經驗。

某次我想把身上的紙鈔找開，於是走進咖啡店像平常般點了拿鐵，準備付現。結果年輕男性店員卻慢慢臉紅。

正當想著：「這是發生什麼事了嗎？」我才發現，原來是對方手邊沒有足夠的現金可以找零。

我趕緊出聲詢問：「我也有信用卡，還是我刷卡？」年輕店員這時才鬆了一口氣，回覆：「謝謝，太好了。」

結果，我錢包裡的紙鈔始終沒機會找開。

丹麥的「無現金社會」，如字面所示，意思是指大量的現金無處可去，甚至成了麻煩之物。

更甚者，近年來丹麥從「無現金社會」逐漸轉變為「無卡社會」。

二〇一三年「行動支付」APP問世之後，迅速普及丹麥社會，各種支付變得超級輕鬆。[24]過去在丹麥確認是否為本人時，需出示健保卡或駕照，最近透過手機APP就能搞定。[25]因此就算忘了帶錢包，只要有手機就幾乎沒問題。

大膽捨棄舊體制

走筆至此，應該有人這樣想：「日本的無現金化及無卡化也正在發展。」確實如此，最近回日本時，我也感覺到數位化的場面增加了。

而且，日本全國各地都有提供許多服務功能的超商，我經常也覺得在日本生活比在丹麥生活更方便。

不過，丹麥跟日本有著決對性的不同。那就是隨時代變化前進時，國家的態度是要同時保留既有體制，還是要徹底捨棄舊方法。

日本基於考慮顧客使用習慣，在導入新制度時，傾向保留舊制度。相較之下，丹麥則是完全捨棄舊制，直接「轉換」為新制度。

在丹麥，公家單位的訊息只會透過電子郵件傳遞。基本上，自家信箱裡不會出現不確認不行的文件紙本信函。也因為這樣，我們家沒有開信箱的習慣。只有當我收到日本的信件或包裹的訊息時，才會檢查信箱。

我試著問丹麥先生多久開一次信箱，他回答：「嗯，大概兩個月一次吧。」

所以，如果要郵寄東西過來丹麥給我，希望你先跟我說一聲。若你沒先告訴我，我可能好幾個月後才會發現。

當然，我們夫妻倆都比較懶，這不盡然是所有丹麥人的典型做法。不過即使不是兩個月檢查一次信箱，或許可能會讓某些人擔心，但這麼做並不會造成不便。

我想到這裡，就開始在意起一般丹麥人多久檢查一次信箱。

大家覺得如何？是否更了解「數位化先進國」丹麥的真實樣貌了呢？

新冠肺炎政策先進國——率先解封的國家

我真實感受到丹麥「順應變化的行動力」，是在二〇二〇年～二〇二二年的新冠肺炎疫情期間。

配合無法預期的變化，迅速應變的丹麥政府，以及在危機中依然互信互惠、樂觀面對未來、持續前進的丹麥人民，都讓我見識到丹麥的底氣。

丹麥的疫情政策領先世界、備受矚目，應該算是成功度過疫情危機的國家之一。政府迅速反應，與專家合作掌握疫情狀況，再為國民提供淺顯易懂的資訊。此外，更以長遠眼光訂出具體政策，公開發表後續計畫。

政府的迅速應對，以及接受指示後國民的高度行動力，著實令人驚豔。在眾多令人驚嘆的決定之中，最令人衝擊的就是發生在二〇二二年一月底的決策，當時每日感染人數不斷創下新高，但丹麥政府卻是歐洲第一個宣布解封的國家。[26]

這項決定震撼世界，引發極大話題。

當時我收到大量來自日本各地電視台的邀約，而我用手機拍攝的哥本哈根街景與採訪丹麥人的畫面，陸續在日本主要電視頻道上出現。

在率先全面廢除管制的情況下，當規定取消後，丹麥人民全部一起拿下口罩上街，這樣的畫面對日本觀眾而言，實在太過衝擊，獲得極大迴響。

二〇二二年二月一日，丹麥疫情管制全面廢止，終於解封了。丹麥國民立刻回歸日常，忘了新冠肺炎的存在。

丹麥因應變化的速度，快得令人不可置信。配合狀況變化，彈性調整規則。只要規則改變，行動也能馬上改變。

丹麥之所以能夠奪下國際競爭力世界第一，絕非偶然。

「工作與生活平衡的先進國」——晴朗的平日，午後就躺在草地上

不喜歡工作的「幸福國度」

接下來我們就進入正題。

當我提到丹麥的國際競爭力世界第一，也是以E化政府為榮的數位化先進國時，或許大家想像的畫面是，這是一個熱愛工作且生活便利的國度。

然而比起在東京生活，在丹麥的日子其實寧靜、悠閒許多。這裡幾乎沒有二十四小時營業的便利商店及超市，事實上店家根本不多，生活多少有些不便。

郊區住宅的庭院有松鼠出沒，偶爾開車上路，還會遇到馬啊、牛啊，還有鹿呢。

首都哥本哈根綠意盎然，城市裡有好幾座大型公園，春夏時節總會見到民眾穿著泳衣（偶爾還有上空的女性）躺在草地上，曬日光浴。

晴朗、溫暖的平日下午三點左右，會看到有人沿運河邊坐著聊天或午睡，這番景象真的不像是「喜歡工作」的國家。

眺望這景象，反倒讓我浮現出丹麥「幸福國度」的某個側面。

看著丹麥人不被任何事物追趕，悠閒躺在草坪上或水岸邊的姿態時，我不禁感嘆：「啊啊，這才是『幸福國度』吧。生活真富饒啊。」

實現「工作與生活平衡」的世界第一城市──哥本哈根

根據富比士（Forbes）調查指出，在二〇二三年世界主要城市評比中，哥本哈根獲選為實現「工作與生活平衡」的第一名城市。關於哥本哈根奪冠的理由，富比士做出以下分析。

生活在哥本哈根的人們非常重視「Hygge」（舒適），重視自己也尊重他人，時間用在放鬆及享受人生的快樂。

此外，職場上也尊重每個人的私人生活，每年都有長達五週的假期，並提供彈性上班制，以及夫妻合併共五十二週的育兒假。[27]

生活在這裡之後，我完全認同這番言論。尊重自己也尊重他人的私人生活，這就是丹麥。「人生最重要的，並不是工作啊。」這就是在丹麥生活的前提。

即便如此，丹麥卻是國際競爭力世界第一，真是不可思議。

看來似乎不需要靠犧牲私人的「生活」，也能產出「工作」的成果。

反之，正因為丹麥人重視「生活」，才能在休息時好好充電，之後再把能量投注在「工作」上。

不對，不只是這樣。進一步來說，丹麥人「工作」的目的，是為了充實「生活」，因此不剝奪私人時間，而是在最短時間內達成最大效果。

若你跟過去的我一樣，總是犧牲私人生活，而覺得「我明明這麼努力，為什麼會這樣……」的話，或許在面對人生及工作態度上，有根本性的錯誤。

因為我們是為了「生活」所以「工作」，若為了「工作」而犧牲「生活」，就是本末倒置了。隨著人生電量用盡，就連「工作」也無法好好做。

「工作」終究只是充實「生活」的手段而已，兩者不該是互為取捨的關係。「工作」和「生活」必須是相互積極的互補關係。

只要能充分享受「生活」，就能為自己充飽電，然後投入「工作」。「工作」的目的到頭來是為了充實「生活」，因此能用最短時間達到最大工作效果。而且，為了「工作」與「生活」更為充實，正是將「工作」所得到的資源（金錢、知識、技能、人脈、休假等）投入工作與生活，才能產生愉快的良好循環。

這個正向循環，不就是真正意義上的「工作與生活平衡」嗎？

那麼，實際上丹麥夫妻都有工作，卻還是能實現工作與生活平衡，到底是怎麼做到的？下面我分享一則小故事。

積極參與並在家長會上踴躍發言的父親

在丹麥參加家長會的經驗，令我驚嘆。

小學、托育機構或幼兒園大多會將家長會安排在傍晚召開，「爸爸」也都理所當然會出席。放眼望去，出席家長的男女比例是一半一半。

有的家庭是夫妻一起出席，有的則是爸爸或媽媽其中一方代表參加。偶爾會見到穿著稍微正式體面，看來是剛結束外面工作趕過來參加的家長。但大部分家長都是日常休閒打扮，穿著運動服或短褲加夾腳拖鞋。怎麼看都像是沒換衣服就直接從家裡過來的模樣。

不過傾聽老師發言的家長姿態各有千秋，有人雙臂交叉於胸前，有人托腮，有人翹著腳。

乍看之下大家好像沒什麼幹勁，但無論是爸爸或媽媽都很積極發言。有問題就會舉手（正確來說，是向上比出食指）提問，有意見也會明確表達，對大家有幫助的資訊更是會一起分享。

雖然跟日本的家長教師聯盟會（Parent-Teacher Association, PTA）有點不同，但丹麥也是從各班家長中選出幹部組成「委員會」。透過辦理各項活動，讓家長、孩子有機會交流，活絡班級經營。丹麥爸爸也都會積極參加委員會活動。

「願意擔任委員的家長請舉手！」

「好，我願意。」

「我也是。」

氣氛就像這樣，班上很快就能組成委員會。順便一提，雖然有男性參與委員會，但不會因為單純是男性就被捧為「代表」。在這裡，爸爸跟媽媽是平等的，不會只因為是女性或男性，就有工作分配上的差異。

無論工作或家事育兒都是「夫妻共同參與的專案」

從某個角度來說，丹麥是嚴格的國家。

因為「認為家事育兒是女性的工作」這種想法，在丹麥行不通。男性不能以工作為藉口而放棄家事及育兒，同時，女性也不能以家事育兒為藉口捨棄工作。

男性期待女性一起賺錢，國家也期待女性成為納稅者。

因此，對「結婚後想當全職主婦」、「等出社會累積一點工作經驗後，就想辭職結婚」的女性，或者是「我是經濟支柱，家事育兒就應該由妻子負責」、「因為工作很忙，沒辦法照顧小孩」的男性來說，丹麥是相當嚴格的國家。

從這層意義上來說，我覺得有些人適合生活在正直的丹麥社會，但也有些人不那麼合適。

我試著想了解丹麥人怎麼想，所以採訪了許多人。我發現大部分丹麥人認為夫婦都有全職工作、一起分擔家事育兒比較好，因為丹麥人認為工作和育兒都是「權利」。

彼此都有全職工作，下午四點以後共享兩人家庭時光。而且，把兩人賺的錢加總一起打造舒適生活、享受長假，是丹麥一般的夫妻型態。

因此，只顧著工作的男性很可能會被經濟獨立的女性提分手。這是生活在雙薪夫婦的「工作與生活平衡先進國」可能面臨的風險。

在日本及丹麥共同投資的公司工作後，發現的事

那麼，丹麥人的工作及生活方式，從日本商務人士眼中看出去又是什麼景象呢？

身為一位長年埋首工作的日本商務人士山田正人（Masato Yamada），五十歲第一次展開外派海外的生活。

山田正人身為三菱重工與世界風力發電大廠維特斯共同成立「菱重維特斯離岸風電」

（MHI Vestas Offshore Wind）的最高負責人，從二〇一四年起派駐在丹麥，在丹麥生活了六年。

在日本工作時，他每晚不是加班就是應酬。身邊所有人平日都是外食，大家也都認為這樣的生活是理所當然。當時只有週末他會在家吃飯，但隨著孩子長大離家，幾乎完全沒有全家團圓、悠閒共享佳餚的時光。

到了丹麥，他卻發現這邊沒有下班跟同事喝一杯的習慣，也沒有接待顧客的應酬文化。丹麥人工作勤勉、有責任感，也有身為專業人士的高度上進心，但以家庭為優先，每天四點準時下班。過了五點，還留在公司的除了山田之外，其他的也都是日本員工。

山田雖不免困惑，但還是決定配合當地民情改變自己的生活方式。

他盡量減少加班，開始每天跟太太，還有當時念高中的女兒一起在家共進晚餐。

每晚在沒有日本電視可看的環境中，家人們圍繞餐桌，互相分享當天的生活。家人們熱烈訴說：今天碰上什麼麻煩事，又有什麼有趣發現，這些都是山田從未體會過的。回顧過往，山田有感而發地說道：

或許有人會認為只是跟家人一起吃晚餐，這不是再稀鬆平常了嗎？但**這真的改變了我**

的人生觀，也讓我跟家人更了解彼此，家人感情也變得更加深厚。

從「家人一起吃晚餐」開始

後來山田回到日本，擔任新合資公司MHI Vestas股份公司的社長，即便如此，他還是盡可能維持跟家人一起吃晚餐的習慣。

雖然他回到家時已經超過晚上八點半，但還是會跟家人共進晚餐，飯後喝著煎茶，聽著太太還有三個已經成年的孩子分享生活。話題大多是彼此各自熱衷的活動、藝人八卦、體育新聞等無關緊要的事，有時也會傾聽孩子們的煩惱。

山田聊著跟孩子們的互動，看起來真的很開心。而且他這麼說：

想著「等工作告一段落，有時間時再來跟孩子好好相處」，孩子卻一瞬間就飛快長大，家人各奔東西，之後只會愈加陌生。就連賈伯斯（Steve Jobs）也曾說過，他死前最後悔的事，就是沒有以跟家人相處的時間為優先。

雖然大家在日本也呼籲創造工作與生活的平衡，但要把勞動環境及組織運作改造成跟歐洲一樣，事實上非常困難。

不過，**只要自己決定好晚餐要跟最重要的家人一起吃，要做到其實就不難。尤其是管理階層更應該率先下班跟家人一起用餐。**大家先當作被我騙也好，只要持續一段時間，相信你的人生就會有很大的不同。

這是同時擁有丹麥及日本職場經驗的山田所說的話，特別有說服力。

工作模式因人生優先順序而不同

累積許多人的工作觀訪問經驗後，我發現了一件事。所謂的「工作模式」，其實會隨著你想要過什麼樣的生活而改變。

你想過哪種生活？人生中重視的是什麼？你想跟誰一起度過怎樣的時間？決定工作模式的不是「工作的方法」，而是「人生的優先順序」。

為什麼丹麥可以成為「工作與生活平衡的先進國」？

「那是因為丹麥有良好的制度，還有追求工作與生活平衡的文化。」這樣說很簡單，但無論是建立制度還是創造文化，都還是要靠我們自己本身。

丹麥人只是傾聽自己和別人的心聲，比其他國家更早「打造」出追求工作與生活平衡的制度及文化。

看懂「潛在需求」的能力

我想總結本書到目前為止的重點。

丹麥人領先世界一步。他們留意到「社會未來會需要的某樣東西」，這對人類及對地球都更友善，且能迅速做出改變。正因為丹麥人擁有可以預測未來的「先見之明」，所以丹麥獲評為「數位先進國」、「對環境友善的國家」和「工作與生活平衡的先進國」。

為什麼丹麥做得到？

以前我也不知道該如何回答這個問題，但實際在丹麥生活十三年以上之後，我找到答案了。

丹麥人在傾聽「自己心聲」的同時，也擅長傾聽「他人心聲」，所以能更快速地聆聽「潛在需求」。

而且丹麥人不只是發現「潛在需求」而已，就連實現創意的速度也快得驚人。

因此，下一章我就要解開丹麥人工作高效率之謎。為什麼丹麥能夠連續四年榮獲企業效能世界第一？

第二章的主題是「時間」，第三章的主題是「人際關係」。讀完這兩章，讀者應該就能理解為何丹麥的企業效能如此之高。接下來的內容可說是本書的關鍵所在，敬請期待。

第 2 章

真正的「時間價值」——為了充分享受人生而「在限制內擠出時間」

歡迎來到「時間」的世界。

你應該也很想知道，具國際競爭力世界第一封號的丹麥人，是如何「使用時間」的吧。

第二章將具體說明在訪問許多人之後，我理解到丹麥人對時間的想法，以及他們如何分配一天和工作時間等。

採訪的過程中，有好多讓我驚呼「原來如此」的內容。現今有些技巧我也在實踐，效果極佳。

思考如何運用有限的時間，也意味著真正創造豐富的時間。為了在有限的人生時間中，滿足於時間的豐富，你應該怎麼做才好呢？

每節最後都整理了可立即實踐的重點。若你看到了感興趣的內容，請試著在工作及生活中採用。

工作模式由「想珍惜的事物」來決定——不被時間擺弄的人生是？

會讓你感到喜悅而「忘了時間」的瞬間是？

明明下午四點就下班，卻擁有世界最好的競爭力，丹麥人到底如何工作？他們如何達成「有效率的工作模式」？

進入上述正題之前，我想請大家先確認一件事。就是我們到底為了什麼工作？大家是為了什麼而工作呢？不管你是喜歡或討厭工作，都請停下來思考。為什麼我今天也工作、明天也工作呢？

深思賺錢和工作的目的，就是探究一個根本性的問題：「人生中我們最重視的是什麼？」

下面是我採訪丹麥人的心聲。我詢問他們什麼是人生最重要的事物。

「**人生最重要的就是享受，還有認識新的人**，所以我會一個人去旅行。還有，我希望身體健康，希望有一定的經濟自由。重要的不是錢本身，而是擁有金錢之後，我感受到的自由。」（文森〔Vincentz Costas〕，男性）

「這個啊，我很後悔之前一直忙於工作。以前的我為了升職，有好長一段時間每天都忙到很晚。但現在，我不想再那樣工作了。我的孩子都已經長大了，到了要決定人生方向的重要時期。**在孩子離家之前，我希望盡可能多跟他們相處，多跟他們聊天**。」（凱特琳娜〔Katrine Aadal Andersen〕，女性）

「我希望在離開人世前，可以對自己的人生感到滿足。我不需要變有錢，也不需要成為偉大的人，**我只希望感到滿足，朋友跟孩子就是我的喜悅**。我希望孩子健康快樂，遇到好伴侶，我想他們過得開心。」（延斯〔Jens Matthias Baecher〕，男性）

「**人生中重要的事就是要健健康康。我希望身體健康，感受人生的喜悅**，所以我有運動習慣。然後，我想要跟只要有對方陪伴在旁，就能感到開心的人在一塊。我不想跟會讓我覺得憤怒、會帶給我負面情緒的人一起。希望可以跟能共享幸福的人一起生活。」（卡斯汀〔Carsten T. Sørensen〕，男性）

那麼，對你來說重要的是什麼呢？人生是由「時間」組成的。換句話說，你想過什麼樣的人生，也就是想過那樣的日子。

你想怎麼過日子呢？

說得更多一點，讓你「忘了時間」且感到喜悅的，是哪種品質的時間？你跟誰一起？在哪裡？又做了什麼呢？

你是否經歷過喜悅油然而生的瞬間？感覺身體由內而外發熱的瞬間？如果有，那一刻是什麼？你對什麼感到開心？你為什麼覺得開心？

又或者，日常生活中你覺得心情好是什麼時候？心情好時，又為什麼覺得心情好？心情不好時，又為何感到心情差？

仔細觀察自身情緒，或許可以察覺自己內心深處真正重視的是什麼。

「幾乎沒有跟朋友碰面的時間」

採訪許多丹麥人之後，我發現丹麥人都很有「想法」。

多數人面對提問，不會只說「不知道」就結束對話，幾乎所有人都能夠侃侃而談。老實說，我認為受訪者的程度都高得驚人。

採訪之後，我恍然大悟，就是因為有這樣程度高的丹麥人，丹麥國家才會有這麼強大的競爭力。

丹麥人很清楚對自己來說，重要的是什麼。為了守護重要的事物，就能明確決定優先順序，順位低的就果斷捨棄。捨棄的態度既乾脆又帥氣。

海琳娜（Helene Nyborg）與在大企業擔任管理職的先生，共同養育三個孩子，並負責哥本哈根市美術館的營運規畫，她也是其中一位我認為非常帥氣的人。

採訪時間一小時，海琳娜邊遛狗邊回答我的問題。

一開始我們是透過視訊通話訪談。海琳娜向我確認視訊通話是否正常之後，便戴上太陽眼鏡，關掉手機的視訊螢幕，將手機放進口袋，出門遛狗。

就這樣，我們展開了沒有畫面、只有聲音的採訪。

我問海琳娜第一個率直的問題是：「身為公司組織的高層，還一邊養育三個孩子，不會很辛苦嗎？」因為我自己是時間相對彈性的自由工作者，但即便有這樣的條件，照顧兩個孩子就已經忙到不行，所以很難想像海琳娜是如何扛起工作重任。沒想到她輕鬆地回答：

> 這個啊，不會辛苦啊。因為我在日常生活中有餘裕，我每天都過得很開心。

因為我原先預期聽到的回答是，要照顧三個小孩還負責重要的工作，非常辛苦。沒想到海琳娜的答案完全出乎我意料，她又繼續說：

> 像現在這樣一邊遛狗一邊跟你談話，就是很享受的時刻。我想我是善於決定優先順序的。**第一優先是家人，第二是工作，第三才是娛樂跟自己想做的事**。這是我不變的順序。
>
> 我做的是自己非常喜歡的工作，所以工作的優先順序僅次於家人。工作上我也遇到非常好的團隊，所以社交需求在職場上也獲得了滿足。
>
> 我幾乎沒有跟朋友碰面的時間，**我也完全不碰社群媒體**（Social Networking Service,

SNS），因為看這些東西會消耗掉我非常多能量。有時我也會有罪惡感，但還是不想把時間花在那些東西上。

這也太帥了吧。現今多數人被人際互動及社群媒體牽著鼻子走，她卻能乾脆地說出，沒有玩社群媒體的時間。海琳娜不受潮流影響，堅守自己的價值觀。

重視家人的她養育著三名子女，在熱愛的藝術工作上受惠於優秀團隊的協助，身為公司高層，致力於工作。她這樣表示：

我在日常生活中有餘裕，我每天都過得很開心。

聽到她的這番談話，你有什麼感受呢？

結束一個小時的採訪，我猜海琳娜應該回到家附近了。她再次打開手機視訊，拿下太陽眼鏡，用爽朗的笑容對我說：「很棒的一個小時，謝謝你！」

此時是假日的上午。因為她的關係，我也開啟了輕鬆愉悅的一天。

丹麥人這樣想01 果斷捨棄優先順序低的事物

拿回時間！

經營「TAKE BACK TIME」公司的培尼雷（Pernille Garde Abildgaard）在丹麥提倡週休三日，協助企業及各市導入週休三日制度。

（這個國家的人下午四點就下班，還需要休更多假嗎？）

深感興趣的我，於是聯絡了培尼雷。透過社群媒體聯絡之後，培尼雷很快回覆OK，但他這樣拜託我：「以後請用電子郵件聯絡，不要透過社群媒體。」

這句話讓我一窺他使用社群媒體的方式。

培尼雷從事的活動，正如他公司的名稱「TAKE BACK TIME」。我問他為什麼要設立這間公司時，他這樣說：

我們的時間都被奪走了。大家被各種事情奪走了時間，卻對此還毫無自覺。**大家被迫關注這個、那個，太多事情吸引了我們的注意力，打亂了人生**，所以我們必須拿回時間的主導權。

如果沒有意識地使用時間，一瞬間我們就老了，很快就會面臨死亡。這不是很令人悲傷嗎？因此，有意識地使用時間非常重要。

大家覺得如何呢？現在手上拿著本書的你，是否有意識地在使用時間？

下一節要談的是「時間價值」。重視自己和對方的時間，才是真正的「時間價值」（time value）。

丹麥人這樣想 02 有意識地運用時間

不勉強自己，也不勉強別人——尊重彼此的「時間價值」

為了獲得「愉悅的瞬間」

或許有人聽過「Hygge」。丹麥語的「Hygge」一詞表示「舒適」，丹麥人重視「Hygge的時間」，就是指舒適的時間。

夏天時邀請好友到家裡一起曬太陽，一邊喝酒聊天。跟家人一起去湖邊欣賞美景跟游泳。去森林散步。躺在草地上看書。大家圍著營火，看著樹枝慢慢燃燒，等待麵包烤好。冬天看著暖爐或燭光，一邊吃手工蛋糕，一邊開心聊天……

放鬆身心，跟重要的人一起緩慢悠閒度日，這些時間都是日常生活的寶物。

這裡想傳達給大家的是，不應該把「時間價值」套用到真正重要的私人時間上。在重要時刻如果還得留意時間，這美好的一刻就失去了意義。

為了好好享受真正重要的時刻，需要徹底思考工作上的「時間價值」。發自內心感受到喜悅的時間本身就有價值，因此不該減少。而且，為了保有這些喜悅的時刻，就必須在其他時間上，意識到「時間價值」，並有效率地活用時間。

還有一件重要的事，為了讓公司同事、下屬、顧客也能夠重視私人生活，就必須讓彼此意識到「時間價值」。

保有自己的私人生活，也維護他人的私人生活，這就是「時間價值」存在的意義。

丹麥人這樣想03　珍惜彼此的舒適時間，是「時間價值」存在的意義。

自己不「應酬」，也不勉強別人「應酬」

丹麥人不做工作上的交際應酬。

丹麥人重視自由時間，不會邀同事或下屬喝酒，就算邀了對方也會直接拒絕吧。

當然，不同業界也有例外存在。像是在創意產業或媒體工作的人，他們的工作時間跟自由時間比較沒有明顯區分。無論是興趣或人際關係，工作與私人生活往往混在一起，像從事這種屬性工作的人就算在工作時間之外，也很享受交流。

不過他們只是單純享受交流，參加應酬的理由並非基於「工作關係迫於無奈才加入」。

工作到下午四點就結束，之後就是自由時間。正因為這是丹麥人的一般共識，下午四點之後就會自動切換為私人模式。

正因為重視彼此的私人生活，工作上的往來絕不拖泥帶水、浪費時間。

不受邀也不邀人。這或許聽起來很冷淡，但這是因為丹麥人基本上認為「有其他比工作更重要的事」。

不論是自己或上司、同事、下屬，大家都有工作以外的重要私人生活。有上述的前提認知，大家都有懂得保護他人私人生活的禮貌。

丹麥人這樣想04 大前提是「工作到下午四點就結束，之後是自由時間」

週五下午兩點下班

哈斯（Hasse Jacobsen）在市政府擔任主管，他在週五下午的採訪中這樣說：

現在是下午兩點半，但我的員工全都下班回家了，辦公室只剩我一個。**下屬有自己的生活，這樣很好**。就算下屬比我早回家，我也完全不覺得是問題。

這就是丹麥的真實生活。根本不用工作到四點，週五下午大概都是兩、三點就下班，辦公室早早就空無一人。

事實上我工作的共享辦公室，週五下午兩點，留下來的除了我，只剩小貓兩三隻。

丹麥人這樣想 05 週五提早下班也OK

丹麥人這樣想 06 下屬先下班也沒關係

生產力源自於「對工作的喜悅」

史汀（Steen Pipper）曾經在香港擔任組織高層，在香港受到了極大的文化衝擊：

我剛到香港工作時，因為要做的事情很多，經常工作到晚上八點。即便如此，竟沒有一個下屬下班……為什麼大家都不回家？我一直無法理解。

直到後來我才發現，**他們好像認為不能比我早下班**。知道這件事時，我相當震驚。

在丹麥不需要顧慮上司，或者說在丹麥員工沒有因在意上司眼光而調整下班時間的習慣。因此這件事對史汀來說，引發很大的文化衝擊。

之後史汀做出「指示」，請下屬六點下班回家。

他之所以這樣做，是希望香港員工可以跟丹麥員工般，工作時也可以感受到喜悅。

史汀的想法是這樣的。能夠帶來高生產力並做出成果的人，都是工作時發自內心感覺喜悅的員工。為了讓員工喜悅，就不能讓他們犧牲任何私人時間。一旦私人生活有所犧牲，心就會感覺疲憊，導致無法在工作上做出成果。

然而，史汀的特殊「指示」卻讓香港員工困惑。

剛開始，無論史汀如何要求員工早點下班，還是沒人願意提早離開。香港員工的腦袋裡完全不存在可以比上司早下班的概念。

他們不敢比上司提早離開辦公室，完全沒有要比上司早回家的意思。

就算有上司的「指示」，他們也擔心比上司早下班會被減薪，甚至被解雇。

為了消除下屬的疑慮，史汀只能持續說服他們。對史汀而言，根本不需要擔心這種事。

他們根本不用擔心提早下班，會被降低評價。我擔心的是，他們工時太長而感到疲累。我希望下屬都能好好享受私人生活。**當生活愈充實，產能也會跟著變好**。

史汀毫不猶豫地說，他最希望的是下屬的私人生活充實，才能發自內心對工作感到喜悅。

若為了工作犧牲生活，心理上會疲憊，也會對工作造成副作用。相反地，只要能夠好好享受私人生活，工作時就會有熱情，也能在工作上拿出成果。為了提高生產力，能夠對工作感到喜悅至關重要。

丹麥人這樣想07　若要提高生產力，就不能不好好享受私人生活！

會議設定議程及結束時間

想要充實私人生活，只能提早完成工作，讓工作時間發揮出最大的工作效益。

其中，最關鍵的就是「開會」。就算其他工作做得再有效率，若被迫得連續參加幾個冗長會議，一天的時間很快就過了。

丹麥人召開會議時，不只擬訂開始時間，連結束時間也會事先決定好。一旦仔細決定結束時間，大家就會迅速討論，不拉長會議時間。

此外，也會事先設定會議議程及目的，並且盡可能在時間內做出結論。

萬一會議上無法做出結論，也絕不延長會議時間。因為就算當場將時間拉長，也會有很多員工離席。即便沒有得出結論，也會先打住當日的討論，約定日後時間再議。這就是丹麥式的開會方式。

順便一提，疫情期間大家發現線上會議的效率極佳，現在就算是同事處在同一個辦公室，選擇召開線上會議的情況也愈來愈多。

丹麥人這樣想08 事先決定會議的「結束時間」，絕不延長

中間管理職負責開會

即便如上述方式開會，還是有其他問題存在。

丹麥也一樣，當員工愈多，公司成為大規模企業後，組織結構就變得複雜。中間管理階層因為負責各種利害關係人的協調工作，必須參與的會議也變多。因此，就算是在丹麥，中間管理階層一整天的行程幾乎都被會議給塞滿。

擔任中間管理階層多年的露易莎．薇琳格（Louise Welling）就是如此，每天都被工作追著跑，行程表一打開滿是會議。

更甚者，她過去在不動產業界工作。在不動產業界，顧客能夠看房的自由時間就是平日傍晚或週末，是從業人員工作最忙碌的時間。即便在丹麥，也因產業別不同，而出現工作與生活難以平衡。

此外，就算同樣屬於丹麥的職場，外資企業的丹麥分公司，還有推動全球化之丹麥企業的工作文化，也都會跟純丹麥企業或組織的文化有不同。與各國的員工接觸，又或者是跟不同國家做生意，職場的丹麥色彩必然漸漸淡化。

根據我的採訪經驗，我發現在丹麥色彩愈濃的職場工作，員工愈能保有工作與生活的平衡。

一小時的會議設定為五十分鐘

那麼，該怎麼做才能夠拯救整日忙著開會的中間管理階層呢？

經營「TAKE BACK TIME」的培尼雷，針對開會的方式提出幾點建議。培尼雷說，丹麥的中間管理階層基本上一整天都在開會，他毫不客氣地說：

早上到公司之後，九點到十點、十點到十一點、十一點到十二點……會議一個接一個開。因為一直在開會，根本沒時間為各個會議做準備。因此，**會議一開始先問「這個會議的主題是什麼」，就是在浪費大家的時間**。

他更指出有趣的一點，是只要開會設定一小時就會開一小時的會，設定兩小時就會開兩小時的會。

被他這樣一說，我想情況好像的確如此。

所以關於開會的方法，培尼雷這樣建議：「**會議時間不用一定要設定為整點**。例如，將三十分鐘的會議設定為二十五分鐘，把一小時的會議設定為五十分鐘。這樣做就能讓大家自然注意時間的運用。」

原來如此，這還真是有點創意的想法。三十分鐘的會議訂為二十五分鐘，一小時的會議訂為五十分鐘，確實會讓人無意識地留意時間。

而且，這樣做會議與會議之間就能生出五或十分鐘的空檔。這段時間不僅可以稍微休息，也能快速預先瀏覽下一個會議的議程。

關於議程，培尼雷表示會議一開始就讓大家了解議程非常重要。

不只是會議主持人，若全部與會者都能知道議程的話，當討論離題時，整場會議比較容易拉回正軌。因為當討論岔題時，不只會議主持人，其他與會者也能指出問題所在，讓會議快速回歸正題。

為了提升會議效率，讓全部人都知道議程並留意時間是很好的方法。

丹麥人這樣想09 會議時間不一定要設定為整點

丹麥人這樣想10 會議一開始，就讓大家都知道議程為何

不發言的人不用參加會議

關於會議或活動的出席人數，也有可下工夫之處。

哈斯曾經去日本出差，他回憶在日本的開會情況時表示：「**會議出席人數多到嚇死人**。從最高負責人到第一中間管理職、第二中間管理職，還有首席祕書、第二祕書等（笑）。」

看來在丹麥人眼中，日本人的活動或會議的出席人數多到令人不敢置信。

真的需要全部人都出席會議嗎？召開活動或會議時，大家可以試著再想想，真的需要把全部人都叫來嗎？又或者當被告知要參加活動或會議時，你可以停下來想想，自己真的需要參加嗎？

將活動或會議人數減到最少的程度，也是尊重彼此的「時間價值」。

人數少討論就快，沒有出席的人也可以把時間拿來用在其他工作上。

順便一提，在丹麥，不發言的人不會被叫來參加會議。因為，開會的目的是要交換意見，不發言的人即使在場也毫無意義。

丹麥人這樣想 11 試著思考，真的需要全部人都參加會議嗎？

跳過中間管理職的「確認」

確實，日本公司若要做出決策，關係到的人員為數眾多。

電影導演卡斯帕（Kaspar Astrup Schröder）非常喜歡日本，曾經拍攝以日本為舞台的紀錄片。回憶跟日方交涉的過程，他這樣說。

明明只是一個步驟，卻需要很多人的許可，必須走很繁瑣的確認流程。甚至到了做最後決定時，同樣也需要經過很多人的許可，所以事情很難前進。大家都說日本人的工時很長，我覺得**如果時間都花在處理這些瑣碎的手續上，勢必花很多時間在工作**。

像這樣，覺得跟日本共事煩雜的不只有卡斯帕。

我與丹麥人聊天時，跟日本企業工作的辛苦談經常成為話題，最讓他們受不了的是，做不完的確認工作。

我們簡單試想一下。

重視工作與生活平衡的外國企業，真的會想跟執行手續繁雜、溝通時間成本高的日本企業一起工作嗎？

關於丹麥的公司組織，卡斯帕這樣說：「在丹麥，我們會跳過日本組織裡一定有的中間管理階層的許可。**丹麥的組織基本上人數少且務實，做決定的速度很快**。」

卡斯帕參與經營的電影公司人數極少。他們製作高品質的紀錄片，在國內外獲獎無數，但員工數寥寥無幾。其他一起工作的核心成員大約十人，包含協力廠商及自由工作者，共同完成許許多多的專案。他們各自分工並彼此支援，幾乎不需要開會或做簡報。

為了觀察難得召開的會議，我曾拜訪這家電影公司。果不其然，會議很快就結束了（感謝對方總為我準備咖啡及紅茶）。開會的目的與其說是在會議上做決定，更像是快速掌握現況，重點是為了確認接下來應該要做的工作。會議出席人數最多四人，做決定的速度快得驚人。

「那今天開會開到這，我先離開。」有時與會者在會議中離席，看來是因為他判斷接下來的會議內容與自己的工作無關，而其他人對此也完全不在意。

（原來可以這樣啊）

我確實感受到了丹麥與日本的不同。

丹麥人這樣想 12 試著思考能夠減少工作上做決策的人數嗎？

丹麥人這樣想 13 減少對方的溝通時間成本

不需要雙重核對

前面提到海外企業跟日本合作時，最受不了的就是確認程序工作太多。對丹麥人而言，最沒有意義的工作就是「雙重核對」（double check）。

基本上，在丹麥完全不做微觀管理（micro-management），上司不僅不需要仔細確認下屬的工作進度，甚至將此當成「禁忌」。

為了避免錯誤發生，為了以防萬一，多人重複檢查的流程在日本很常見，一點也不稀奇。確實，這樣做的好處是可以避免出錯，日本品牌也因此深獲信賴。

然而，複數員工做同樣的工作所花費的時間，無論對每一位員工或組織整體的成本面向來說，實在太高。

在丹麥，不幫下屬或同事做「雙重核對」。因為大家覺得，與其把時間花在重複確認，倒不如讓每位員工負起全責做到最好，還比較有效率。

當然，隨工作不同，有時一個疏忽就可能導致致命性的錯誤，還是做雙重核對比較保險。但是，如果付出的時間成本比獲得成果還多，可以試著思考自己是否正在做「無用的雙重核對」。

光是捨棄耗時的雙重核對，可運用的時間便會大幅增加。而且，只要想到負責的人只有自己，工作時就會更有責任感，也會對自己的工作感到驕傲。如此一來，工作幹勁自然湧現，減少失誤發生的可能性也會提高。

丹麥人這樣想 14 **捨棄做無用的雙重確認**

盡量少寄電子郵件副本

在職場上也要注意跟大家共享資訊時，寄送的電子郵件副本（carbon copy, CC）。因為若在郵件裡加入不需要的副本，也會妨礙對方的「時間價值」。

一旦在郵件裡加入副本，被寄送的人就必須花時間看這封信，其實這就像複數人員重複做「雙重核對」。或許你沒有注意到，加入電子郵件副本，正在剝奪彼此的時間。

將對方的電子信箱加入副本時，請先思考「為什麼要副本給對方」。即使想讓對方掌握進度，你逐一加入副本的同事全都真的需要知道此信件的內容嗎?定期做「副本的斷捨離」或許還不錯。

若將對方加入副本，可以省去個別確認的細節，聯結彼此的時間價值的話，就有意義。若非如此，那麼刪除無用的副本，才是對得起雙方的時間價值。

丹麥人這樣想15 **將電子郵件的副本精簡到最少**

制定郵件處理方式的規則——確保集中回覆的時間

工作的生產力，取決於是否將手上的時間做最大程度的運用。

「TAKE BACK TIME」的培尼雷表示，打造一個能專注工作的環境，讓自己可以完成今天應該達到的目標很重要。

因此，他建議制訂處理電子郵件的規則。

有些人會一直回覆郵件，但那只是浪費時間跟精力。**頻繁確認郵件，意味著經常切換工作主題**，反而導致生產力巨幅下降。

也因此培尼雷認為，應該將「處理郵件」視為一項工作主題，並決定需要花多久的時間處理。

例如，一天中設定多次三十分鐘專門來「處理郵件」，在這些時間內集中回覆。如果是需要花費較多時間處理的郵件，就設定另一個新工作項目叫做「寫信給〇〇」，並決定所需時間。這麼一來，「郵件處理」以外的時間就不用在意郵件，可以集中精神處理其他必須完成的工作。

只要頻繁確認郵件，新工作項目就會不停跳入腦中，反而無法集中注意力。

此外，立刻回覆郵件的話，對方也會很快再回信，結果一來一往停不下來。這麼一來，你所有的時間都花在處理郵件上，就沒辦法推進應該完成的工作進度。

你是否也是如此呢？至少我就是這樣。為什麼過去的我工作這麼沒效率？為什麼工作怎麼做都做不完？現在的我似乎知道原因所在了。

而且不只處理電子郵件，相信大家都能明白，使用社群媒體也是同理可證。

丹麥人這樣想 16 決定「處理郵件」的時間

不勉強自己，也不勉強別人——尊重對方的時間

只要知道自己跟對方都必須在下午四點下班回家，自然而然就會想在工作時注意時間，避免造成彼此負擔。

你就會在腦中考慮，真的需要花這些時間做某件事、某個工作項目嗎？而且，也會變得開始考慮對方的時間。

例如，拜託下屬影印會議資料時，就會冒出這些問題：「真的需要讓對方付出這些時間成本嗎？」、「我真的需要這些資料嗎？」

漸漸地，你開始懂得不勉強自己，也無需勉強別人。

為了讓自己跟對方都能確保私人時間，工作的關鍵就變成是，如何在有限時間內，達到最大效率。

只要這樣想，就會發現根本沒時間做無效工作，同時，也會發現對方也無暇陪自己做

這些無用之事。

為了可以跟重要的人悠閒共享私人時光，就不該被瑣事綁住時間。為了彼此的「時間價值」，就不要勉強自己，也別勉強別人吧。

丹麥人這樣想17 留意在時間上「不勉強自己，也不勉強別人」

我眼中的丹麥

優秀的「工作生活平衡世代」

丹麥是聞名世界的「工作與生活平衡的先進國」，但直到前一個世代，尚未達成如此重視工作與生活的平衡。

我的婆婆今年七十幾歲，回首過往，她說當時為接孩子而提早下班的情況很少見，但隨著時代改變，有愈來愈多人一邊育兒一邊工作。

丹麥的工作文化似乎也是一點一滴地變化至今。今年四十幾歲的建築家蘇連（Søren Harder Nielsen）表示，他這一代在實習生階段還會為了工作勉強自己，也會在意跟上司的關係，拚命工作。

相較於此，現在的年輕世代就是主張「工作生活平衡」。就算是實習生也擅長清楚劃分公私界線，即使工作尚未完成，到了下午四點就起身回家。

但蘇連並不會因此責罵年輕世代，反而尊敬這樣的世代。

現在的年輕一代非常優秀，他們可以獨立進行工作。之前就有實習生花了長時間獨自進行專案，成果讓我很驚訝。對方不僅技巧好，拜網路及社群媒體之賜，作品本身就帶有強大的全球觀。

像這樣稱讚年輕世代優秀的不只有蘇連，丹麥社會沒有日本年功序列[28]的概念。採訪中看到像這樣讚美年輕一代的中年工作世代姿態，確實令我印象深刻。

死守私人生活的工作模式

——追蹤丹麥人的一天

守護私人生活的「覺悟」

若你要守護私人生活，就必須有一定程度的「覺悟」。

一味認真投入工作，就會發生工作怎麼做都做不完。一心想把工作好好告一段落的結果是，回家時間晚了，失去了私人生活。

為了避免這種情況發生，必須具有守護私人生活的「覺悟」。

前面曾提到，在丹麥如果經常以工作為名犧牲私人時間，很容易陷入離婚的危機。因為丹麥是個以夫妻都工作，一起合作育兒、做家事為前提的社會。

如果有一方工作較忙，夫妻會互相商量調整。取而代之的是，等工作忙完，就會補回之前忙碌而缺席家庭的時間，盡可能多跟家人相處。

有孩子的家庭，都是以家人團聚時間為重心。因此夫妻會尊重彼此的工作，配合對方工作狀況而調整自己的工作時間。

如果總是忙工作，伴侶就會提出分手。或許丹麥男性之中，有些人對此會感受到些微的壓力吧。

這麼想的我試著詢問丹麥男性受訪者，但他們大都表示，與其說這是伴侶給的壓力，倒不如說是他們自己很重視家庭時間，所以想要早點回家。

正因為大家有守護私人生活的覺悟，就會在工作時間發揮最大效益。無論如何都必須想出有效完成工作的方法。

丹麥人這樣想 18 有「覺悟」守護好私人生活

「下午〇點之前就下班！」

過了下午三點，丹麥人就進入準備下班的模式。不只女性，男性也是如此。這一點在某種程度上要求過於「嚴苛」，至少對我來說，不容易做到。

丹麥人之所以能有效工作，是因為已經決定了工作結束的時間，而且結束時間是下午四點。因為要接送小孩學才藝什麼的，有時甚至兩、三點就下班。

早上出門上班，想著下午兩點到四點必須「結束」，從這裡思考一日的時間安排。正因為「結束」時間已經決定，於是思考如何在時間內完成工作的方法。因為有「期限」，所以能啟動工作引擎。

從這點來看，假如不能下午兩、三點就完成工作，但只要像丹麥人刻意決定好「〇點就下班」，就是提升效率的好方法了。

丹麥人這樣想 19 決定下班時間

三十分鐘吃完午餐！工作時間集中精神

因為下班時間很早，所以沒時間慢慢吃午餐。基本上午餐時間是三十分鐘。大家可以對日本和丹麥的工作節奏留下這樣的印象。

日本人將工時分為上午及下午，所以會趁中午時間好好休息、進行充電。丹麥人工作則是一天一次做完，因此午休最長只有三十分鐘，這樣才能提早下班好好休息。

或許你會感覺這麼做有些無趣，事實上的確也有乏味的地方，但是這麼做是為了有效維持「工作模式」。

丹麥的午餐選擇極少也強化了這種傾向。若生活在充滿誘惑，到處都有平價、美味午餐的日本環境裡，就必須花時間選擇、細細品嚐。

順便一提，丹麥的午休時間比日本早，大約落在十一點半到十二點半左右。

很多公司都有員工餐廳，趁午餐時間和職場同事報告私人近況或交換工作情報。職場沒有上下關係，座位沒有職務之分。大家都是獨立個體，或者具有父親或母親的身分，主管跟實習生混雜坐在一起輕鬆談天。

大家過了三十分鐘就起身返回工作崗位，留意一天工作的「結束」時間。

丹麥人這樣想 20 午休時間快速「交換情報」

活用彈性制度——依照自身狀況調整工時

丹麥人重視私人生活，支撐起這種生活方式的是「彈性工作制」。基本上，丹麥每週工作時數是三十七小時，多數公司採行「彈性工作制」。

相信很多人都知道，彈性工作制就是決定好一定期間內的總工作時數，在此範圍內彈性工作。

例如在丹麥，一週的勞動時數為三十七小時。以此為基準，可自行決定工作的開始及結束時間。

像有孩子的夫妻，輪到自己送小孩上學的那天就晚點上班，若要接小孩下課的當天就早點下班。夫妻兩人都利用彈性工作制來彈性調整時間，互相配合。

也就是說，「彈性工作制」對有孩子的家庭而言，不可或缺。我採訪的每一位丹麥人都跟我聊到彈性工作制的好處。

也有受訪者利用彈性工作制，在上班前接受我的採訪。文森就是其中之一。

文森非常喜歡彈性工作制。他的孩子都已獨立生活，因此日常時間安排不需固定，很自由。

我有時早上七點上班，有時早上十點上班。像今天一早跟你約定採訪。其實我才剛起床呢（笑）。

我跟文森的約訪是早上八點開始，很難想像他待會還要去大公司上班，我們度過了一段非常輕鬆愉快的談話時光。

丹麥人這樣想 21 公司導入並活用彈性工作制

彈性運用居家上班

在丹麥，居家上班跟彈性工作制一樣受到重視。居家上班的理由各式各樣，像是：要照顧感冒的孩子，要去健檢，木工師傅要來家裡，家人過生日等，各種理由都可以讓丹麥人選擇居家辦公。

在丹麥，疫情前就可以居家上班，疫情後更是積極採行。有些人依據工作的類型，選擇是否在家工作。

例如，需要「集中精神」不被打擾才能順利進行的工作就在家做。又或者是住得比較遠，為了節省通勤時間，就選擇在家完成不需進公司也能處理的工作。

其實不只是丹麥，現今不允許居家上班就沒辦法留住優秀人才。若想留住優秀人才，公司就必須提供能讓員工平衡工作與生活、可彈性選擇工作地點的環境。

正因為身處可以兼顧工作與生活的環境，員工工作時就能感到喜悅，生產力因此提升。此外，當優秀員工的離職率下降時，對公司來說亦是加分。

丹麥人這樣想22 公司允許居家上班

規畫夫妻的工作分擔

一旦開始採行彈性工作制及居家上班，無論是夫妻或員工的作息就不可能每天都一樣。這時不可或缺的就是每天的行程計畫表。

在丹麥，許多家庭的夫婦都會共享工作及孩子活動的行事曆。無論男性或女性都會把家人的計畫排入自己的行事曆，再依據此行事曆安排工作計畫。

海琳娜有三個孩子，同時位居公司高層，她使用的就是可以確認全家人計畫的家庭行事曆。

每到週日，夫妻兩人就會確認彼此下週的行程。

確認好誰哪一天早出門，誰哪一天工作比較晚，如果學校開家長會，決定由誰參加。

最小的孩子誰負責送去上學？誰接孩子下課？誰做晚餐等，就跟公司任務般，分工相當仔細。

我問海琳娜，做這些計畫還有分配家事育兒分擔時，夫妻曾經爭吵嗎？她爽朗地回答：

從沒吵過啊。我們可以一起配合做計畫，我想理由是因為**我們都理解對方工作的重要性，也很尊重彼此的工作**。

大家對海琳娜的回答有什麼感覺？

聽完她的回答，我立刻明白了。正因為彼此認同對方的工作，所以可以對等地尊重對方的工作，對等地分擔家事育兒工作。只要有一方認為「我的工作比較重要」，或許就做不到。

海琳娜的先生是大企業ＩＴ部門的負責人，會議很多，有時比較晚才回家。而海琳娜有時也需要出差幾天。即便如此，夫婦兩人還是可以順利完成家事及照顧三名子女。

在兼顧工作及家庭的日子裡，海琳娜非常珍惜每天起床後專屬於自己的十五分鐘。

她每天六點半起床，眺望著晨光，做十五分鐘早操。按海琳娜的說法是，在「跟太陽打招呼」。

即使只有十五分鐘，擁有片刻寧靜時光對海琳娜來說非常重要。之後是晨浴，然後七點叫孩子起床。海琳娜是三個孩子的母親，也是公司高管，她的一日就此展開。

丹麥人這樣想23 共有家庭行事曆，週末跟伴侶一起確認下週行程

丹麥人這樣想24 設定早上十五分鐘為「自己的專屬時間」

下午四點前未完成的工作，晚上再做

丹麥人為了享受家庭時光而四點下班，但其實他們有著不為人知的一面。

閱讀至此，相信還是有人會懷疑，丹麥人真的有可能在下午三、四點之前完成所有工作嗎？應該有人會覺得，如果這樣能拿下國際競爭力世界第一，也太厲害了吧。

沒錯，接著說明丹麥能達成國際競爭力第一的祕密。

我先說結論，確實有人下午四點前就完成所有工作，也有人是把沒做完的工作帶回家，等晚上孩子入睡之後，再花一、兩個小時處理。

有些人則是在清晨，趁家人還沒起床時工作。

什麼嘛，或許有些讀者對此感到失望。還以為丹麥人超有效率，但果然還是沒辦法在下午四點前完成工作。

然而，我認為這就是丹麥能說服大家拿下國際競爭力世界第一的實際情況，這也能為日本人帶來勇氣。

丹麥人相當勤勉。跟日本人的認真有點不同，他們非常努力要完成自己的任務。這因為如此，他們把無論如何都想要完成的工作帶回家，利用當天的夜晚或隔日清晨來處理完畢。

依工作類型不同，大大影響了是否要將工作帶回家，而只能在工作現場處理的工作就不帶回家。不過擔任主管職的人大多會利用夜晚或清晨的一、兩個小時處理公事。

在丹麥工作的日本人絕對不會說丹麥人懶惰，因為丹麥人雖然四點就以家庭為優先，先行下班，但在享受完私人時光之後，從晚上九點開始直到深夜，工作郵件的寄出與回覆又會再次熱絡。

特別是身負重任的管理階層，都會利用夜晚或清晨，處理白天沒做完的事。

這樣的丹麥人姿態帶給你什麼感覺呢？

我從他們的姿態感受到，丹麥人重視維持生活和工作兩者平衡，所產生的強烈責任感。

丹麥人下午四點下班，是因為無論在家庭或工作上，都想完成自己的任務。

不是所有丹麥人都一定在下午三、四點就完成所有工作。即便如此，為了好好把握跟家人共度的時光，他們還是下午四點就下班，而且沒完成的工作就在家庭時光結束後處理。

確實，如果是身負重任的管理階層或自營業者，真的要追求家庭與工作平衡，很可能就必須維持這樣的作息。不只重視家人，也同時看重工作，兼顧兩邊都很重要。所以丹麥人下午四點下班。

丹麥人這樣想25 **就算還有工作，還是四點就先下班**

為「追上工作進度」，在自由時間工作

在這層意義下，丹麥人也會「加班」，而且管理階層或從事自營業是沒有加班費的。除了部分行業之外，一般來說，丹麥人加班時沒有那麼悲壯的心情。因為沒有人強迫你加班，是你自己選擇這樣做的。

有時我也會晚上在家工作，但**這並不是任何人給我的指示**，沒有人可以逼我加班。

公司沒有下達加班的命令，是丹麥人自己認為加班比較好才去做的。

採訪過程中，大部分的丹麥人都這麼說。沒有任何人要求我，是我自己想工作的。當然他們應該也不是完全零壓力吧，但從他們的言談中，我幾乎感受不太到他們「被工作追著跑的感覺」。雖不能說完全沒有「被工作追著跑的感覺」，但同時又有主動「追著工作前進的感覺」。因為他們想達到自己滿意的程度，又或是希望隔一天工作順利，所以會在自由時間內調整工作。

利用自由時間工作，是因為想把自己的責任做到最好。

對丹麥人而言，工作不只是賺錢的手段。工作可以讓自己在感興趣的領域上吸收知

識並深化經驗，透過這份工作貢獻社會，讓自己盡社會責任。而善盡社會責任更是自我成長。

在丹麥，有些人下午三、四點下班之後，就完全不碰工作，也有人會利用早晚的時間，再做一點工作。他們對有意義的工作、做了開心的工作、帶著使命感的工作，就算加班也會積極面對。但同時，也重視私人生活。

喜歡工作的人，不需要放棄私人時間或放棄工作，追求平衡就好。

丹麥人這樣想26 剩下的工作，晚上或清晨再處理

「希望妻子也能感受工作的喜悅」——夫妻之間的工作平衡

一樣是丹麥人，喜歡工作的人就會一直工作。他們這麼做應該是基於對工作的關心與強烈的責任感吧。

哈斯自從擔任主管之後，就變得花很多時間在工作上。基本上他一直想著工作，真的可以完全放下工作的時刻，只有在休長假時。

就算假日，哈斯也還是會看、回手機訊息，有跟工作相關的電話打過來，也會接起來處理。在家時他會把手機放在玄關處，但只要經過玄關還是會忍不住拿起來檢視。放假時就算做其他事，腦中還是不斷想著工作。

對此，妻子總是告誡哈斯說，你工作過頭了。而且，隨著孩子漸漸長大，孩子們也開始提醒他，不要工作過勞。

「你很少關心我們跟家裡。雖然人就在身邊，卻感覺爸爸離我們好遠。」聽到孩子這樣說時，哈斯悲從中來。當孩子進入叛逆期，哈斯覺得自己必須改變生活方式。

現在的哈斯平日下午六點下班。偶爾還是會在晚上工作，但週五下午一定在下午四點結束工作，陪伴妻子。有時他們會一起散步，或一起去聽音樂會或演唱會。

事實上，哈斯的妻子也喜歡工作，也是過度工作的類型。她目前在大學擔任顧問，而且是全職工作。

我問熱愛工作的哈斯，如何看待妻子全職工作時，心想哈斯會不會希望妻子留在家裡，但得到的卻是完全不同的答案。

就像我想藉由工作貢獻社會，我太太也希望如此。我有權利追求自己的理想人生，我

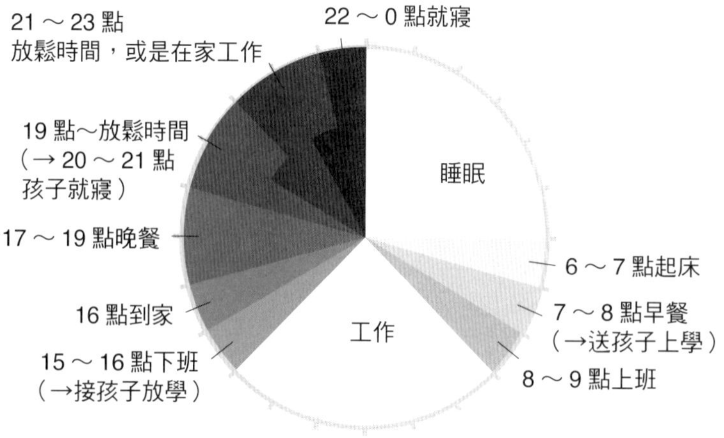

典型丹麥人的一天生活

太太當然也有追求自己想要人生的權利。所以，**我希望太太也可以做自己想做的事。我透過工作，更喜歡自己。我希望太太也工作，成為她想要的自己。**

工作讓哈斯感受到貢獻社會的快樂，他也希望太太能同樣透過工作，展開快樂的人生。

事實上，在我採訪的丹麥人當中，很多受訪者都像這對夫妻喜歡工作，兩人都工作過量。但是，當我問他們會不會因此在分擔家事育兒上發生爭吵時，答案都是不會。

這是因為他們互相尊重彼此的工作，同時認為伴侶也應該跟自己一樣擁有相同的權利。

工作不只是為了賺錢，更是透過貢獻社會，進而自我實現。另一半也有權利擁有自己想要的生活，所以夫妻都是全職工作。

丹麥人這樣想 27 另一半也有權利過自己想要的生活

放鬆很好！因為放鬆，所以很好！
——創造休閒非正式→創造力→生產力的良好循環

非正式帶來生產力的理由

丹麥的職場很休閒。拜此之賜，丹麥人講到「工作」一詞時，並沒有流露出辛苦的感覺。

事實上，這種休閒的態度，對工作的生產力起了重要作用。

二〇一八年時，哥本哈根運河邊出現了新地標，是由世界知名建築師雷姆・庫哈斯（Rem Koolhaas）率領的「大都會建築事務所」（Office for Metropolitan Architecture, OMA）所設計的複合式建築物「BLOX」，其中有最尖端的工作空間「BLOXHUB」[29]。

「BLOXHUB」也是帶領世界發展永續城市的創意空間。成為此處會員的條件，是必須從事推進與城市永續發展有關聯的事業，不拘任何形式。會員組成分子豐富多元，有自由工作者、新創企業、世界大企業，甚至是大使館等。

吸引大家成為會員的魅力之處，是可以與引領最新永續發展事業的企業或個人建立關係。會員以哥本哈根為據點，打造起全球化的永續發展網絡。

那麼，走在世界最前端的「BLOXHUB」是什麼樣的地方呢？

我試著探訪此處，眼前開展出一個明亮、休閒且寬廣的工作空間。

與其說這裡是辦公室，更像是Lounge。而且此處的風格不是飯店大廳那種低調沉穩的Lounge，而是洋溢著咖啡廳般的輕鬆愜意。

空氣中流動的不是「靜」，而是「動」，是個令人感受到活力的空間。

會議空間更是創意十足，有些會議室的椅子甚至是鞦韆。桌椅的造型各式各樣、色彩豐富，光看著就覺得充滿靈感。

「BLOXHUB」的主任溝通師安柏莉（Ann-Britt Elvin Andersen）帶我繞了辦公室一圈，一邊說明空間設計如何帶入「遊戲」要素，「**待在一個嚴肅、死板的辦公空間裡，不可能產生創意**，創意是源於自由奔放的思考」。

共享辦公室BLOXHUB為了解放辦公室使用者的思考方式，為了打造具遊戲精神的休閒空間，激發大家的行動，經常改變空間布置。

此外，解決社會問題方法的突破口，是從各式各樣領域的利害關係人之間的輕鬆交流所產生。因此，BLOXHUB舉辦早餐會或遊戲之夜（bingo night）等多樣活動，邀請多元的利害關係人參加。

打開窗戶讓戶外的新鮮空氣流入，室內的空氣就會跟著流動。安柏莉想像、描繪的這幅畫面，打造了充滿活力的空間。

確實，被她這麼一說，或許我們能發揮創意的當下都身處在悠閒且開放，而非死板、封閉的空間裡。

此外，安柏莉補充說明：

> 當我們精神飽滿、進入心流工作時，破口就會突然出現。浮現好創意或想出好的解決方法，都發生在我們享受工作的時刻。所以，**最重要的是進入心流的狀態。彼此的好能量互相撞擊，就會帶來正向循環，產生好創意，好成果就會隨之就來。**

或許為了在工作上端出成果，比起工作時間或方法，維持自己的好能量或許最為重要。

關鍵是打造可以讓自己產生好能量，並保持好能量的環境。對你來說，可以感受到好能量的空間，是什麼樣的空間呢？

現在浮現在你腦海的空間，一定就是你理想的工作空間。

丹麥人這樣想 28 打造休閒且開放的工作空間

不必正襟危坐——形式、手續、規則都不需要

不只是辦公空間，服裝也是相同道理。

來自澳洲的麥特（Matthew Whitby）剛在丹麥工作時，對丹麥人服裝打扮之休閒感到非常驚訝。

然後在日本人眼中，澳洲也是給人穿著休閒的印象，但麥特這樣說。

在澳洲時，我去新聞台打工是穿西裝、打領帶。但**丹麥人工作全都是休閒打扮**，這一

點真的讓我很驚訝。

丹麥人基本上不做不必要的自我勉強。他們相當務實，說到工作，只要把該做的事情做好，風格、形式都不重要。

在丹麥，你會見到很多戴耳環或身上有刺青的幼兒園老師或教師。男性穿著白襯衫、牛仔褲的體面「商務人士」。

在這裡幾乎看不到打領帶的男性。偶爾見到穿西裝打領帶的男性，大家還會忍不住回頭看，想著：「今天是什麼紀念日嗎？」

在丹麥生活很輕鬆。

就算你看起來像穿著睡衣，也不會有人說什麼，更不會有人側目。

大家都穿著自己覺得舒服的服裝在工作，即便如此，事情還是能順利運作。倒不如這樣解釋，正因為丹麥人不用花時間在意多餘的事情，更能保持好能量，專注於工作。

我看著丹麥人，發現衣著亮麗、整齊、體面並非工作的本質。

那麼工作最初的目的是什麼？就是做出成果。

工作不需要形式、手續、規則。

正確來說，就算工作多少需要形式、手續、規則，也不應該被與工作本質無關的形式、手續、規則所束縛。

工作的目的是做出成果，而不是遵循形式、手續、規則。每個人都以自己覺得舒適的風格來工作就好。

省去多餘的形式、手續、規則，簡單地朝目標前進就好。有休閒的工作文化，就不必做多餘思考，可以專注在原本的「工作」上。

丹麥人這樣想29 比起形式、手續、規則，專注於產出工作成果吧

站著工作

丹麥的職場硬體環境也不勉強員工。

眺望丹麥的辦公室時，你馬上就會注意到：有人坐著工作，就有人站著工作。

長時間坐在與自己身體尺寸不合的辦公桌子前工作，對身體不好。就算桌子合適，長時間維持同樣的姿勢工作，也對身體沒有助益。因此，可以依據體型及工作狀態調整高度的「升降式辦公桌」，是保護員工身體的必備配備。

看著升降式辦公桌寬鬆地擺放在開放空間，就不難感受到丹麥社會對於工作者的重視。

像我現在也是使用升降桌，站著打書稿呢。

丹麥人這樣想30 用升降式辦公桌，守護員工健康

「休假」才能維持熱情

閱讀至此，大家應該已經可以理解，丹麥的文化就是「不勉強的文化」。不對員工的身體和心理造成負擔，讓員工能夠以各自舒適的方式完成工作。接受我採訪的人異口同聲地表示：

員工如果健康、有活力，就能以最佳狀態投入工作，進而提高生產力。**相反地，當員工感覺疲憊，工作動力無法提升，就更不可能提高生產力。**

「努力」、「毅力」、「忍耐」是日本人經常會說的詞彙，但你絕對不會從丹麥人口中聽到。

為了對工作保持熱情，更應該重視「休息」，我覺得保持好能量非常重要。

正因為有好好「休息」，才能在勝負之間，全力投注心力。

建築師蘇連總是在比稿前拚命工作。總是在勝負的關鍵時刻燃燒熱情，一心只想在比稿時勝出，就連平日晚上及週末都投入工作。然而，比稿結束之後就會徹底休息，拿回自己的時間。

在丹麥社會，加班後好好休息是一般常識。

因此，不需要跟上司或公司交涉加班之後的休息。對於公司來說，員工歷經長時間加班，會覺得之後減少工作時數，好好休假是理所當然。

努力工作之後必須拿回自己的時間，對蘇連來說非常重要。

如果必須集中精神連續工作好幾週的話，那麼就應該有意識地休息。蘇連這麼說：

就算對專案計畫再有熱情，如果連續幾週不分週末、夜晚投入工作的話，就無法持續保持同樣程度的熱情。我的話**會適時休息，這樣才能保持動力直到最後**。

覺得有點勉強就喘口氣，覺得有點累就稍微休息。「休息」是為了不讓勉強及疲勞累積，這樣做反而能讓能量延續，保持熱情完成工作。

短暫加油，但不勉強自己一直加油。努力一時，但不勉強自己永遠努力。堅持一下，但不勉強自己持續堅持。短暫忍耐，但不勉強自己一直忍耐。

覺得有些勉強，最好就休息。為了發揮最好的表現，為了保持高度生產力，必須有意識地經常「休息」。

在一天、一週、一個月、一年之中，大家會花多少時間「休息」呢？順便一提，所謂「休息」指的不是上床睡覺，而是好好享受你感到快樂的私人時光。

像是邀請家人、親戚、好友到家裡玩、自己烤麵包、做DIY、閱讀，又或者是散步或運動等，什麼都好。

當感覺能量下降，即便再忙，也要找時間讓自己的心靈跟身體維持喜悅。

丹麥人這樣想31 為了保持能量就要經常「休息」

睡前看電視放鬆

在大學從事研究工作，同時擔任企業ＩＴ顧問的艾瑞克（Erik Weber-Lauridsen）也喜歡工作。跟工作有關的主題他都有興趣，工作之餘也會花很多時間調查。

但艾瑞克會在下午兩、三點結束工作，去幼兒園接小孩，四點左右回家。下午五點半吃晚餐，等小孩就寢後，看電視放鬆。

對艾瑞克來說，看電視放鬆的時間非常重要。休息才能重啟，艾瑞克說這是「讓大腦歸零」。

一天結束之際「讓腦袋歸零」，才能充飽電，隔日再全力投入工作。

丹麥人這樣想 32　一天結束前，「讓大腦歸零」

週休三日的效用——留白才能創造靈感

彈性工作制讓員工感覺勉強就休息，對創造心流有助益。

長時間加班的隔日提早下班，持續忙大型專案好一陣子之後就休連假等，都可以透過彈性工作制來調整。

從事網路環境規畫的卡斯汀大膽地運用彈性工作制。跟公司交涉之後，卡斯汀目前一週只上四天班。也就是說，他加長週一至週四的每日工時，週五則放假，變成週休五、六、日三天。卡斯汀是這樣說的。

一天工作七小時，對我來說有點短。因為之前工作的關係，我已經習慣每天工作十二小時左右。所以，我的情況是跟公司交涉，拉長每日工作時間，然後週休三日。這種方式很適合我，我很喜歡。

沒想到他的公司願意接受這樣的提議。

不過確實，若這種工作模式能夠讓當事者本人發揮最好的工作成效，對公司來說應該是加分。

若能像卡斯汀這樣大膽活用彈性工作制，應該能夠開發出對自己而言，最能夠激發工作表現的劃時代工作模式。

卡斯汀的創意或許真的有道理。

將週休三日導入企業及市政府、經營「TAKE BACK TIME」公司的培尼雷主張，週休三日可以提高生產力，也會提升工作滿足感。

關於週休三日的機制，培尼雷這樣說明。

週休三日制讓假日多了一天，大腦就能休息。放鬆之後，就能用宏觀視野來看待事物。充分休息，儲備好工作能量，回去上班時就能集中精神工作。

實際上，有公司老闆在採行培雷尼建議的週休三日制之後，跟培尼雷表達：「週五不上班，對我來說變成最重要的一天。**其他日子沒辦法解決的問題，都能在週五處理。**」

換言之，可以這樣說。例如，跟狗狗還有家人一起在森林散步時，腦袋突然閃過卡住問題的對策。有時看電影看到一半，腦中也會有靈感浮現。

週五時從事跟工作完全無關的活動，一回神，就想出解決工作問題的突破口。

你發生過這樣的事嗎？沖澡時，突然靈光乍現。**讓腦袋休息就能產生創意。**休息也可以學習新知識，休息也能感覺喜悅。

大家是不是都有這樣的經驗？

話雖如此，公司突然改為週休三日，需要下定很大的決心。而且，日本的公司應該不太可能同意。

我問培尼雷：應該也有不願意實施週休三日的公司吧？他回答：

當然也有不希望員工休假的公司。這時我就會建議，**讓員工在週五嘗試不同的工作模式**。例如，將週五訂為靈感日，讓員工各自參加想學習的講座。可以嘗試一週一天，做些不同於平日的事。

不要總是持續做經常性的工作，一週一次嘗試不同的事。這麼做可以俯瞰、遠眺平日工作。

你若學會很想學的新技術，或許就能激發出更有效率的工作模式或新的可能性。

你也一定有一些想法吧。

當你被眼前工作追趕到筋疲力盡時，就會覺得事情怎麼做也做不完。陷入困境，想不出解決方案。這時若去做些別的工作任務或從事其他活動，就能轉換視角，說不定能因此發現意想不到的破解方法。

當你感覺停滯不前時，就算一週一次也好，試著打破自己的慣習或許不錯。

丹麥人這樣想 33 採行週休三日，或者一週一次做「跟平時不同的事」

在日常生活中健行

想讓大腦稍微休息時，散步是非常好的選擇。

丹麥人平常喜歡健行、慢跑，還有騎單車。當然每個人的興趣有個別差異，不過丹麥人的健康意識普遍很高，很看重活絡筋骨。

就舉我身邊的例子吧。我的丹麥先生和先生的姊姊（大姑），他們經常出門散步。我先生從事APP開發工作，當工作稍微卡關或感覺疲勞時，他會立刻起身離開辦公桌。

我們在同一個辦公室工作，他經常會說：「我去散步」、「我去買三明治的配料」，然後在辦公室附近繞一圈回來。

我不確定他出門回來後，是否工作狀態會變好，但先生表示，與其一直坐在桌子前，倒不如出去散步呼吸新鮮空氣，反而會有好靈感。

大姑在教育機構針對成人教授心理學，她平時也會散步。她經常在平日傍晚或週末去森林散步。

大姑散步是為了活動身體或減重，有時則是為了準備課程內容或寫報告而想吸收新知，所以一邊散步一邊聽Podcast。或者只是隨意走走，想事情。我觀察丹麥人的一舉一動，想著不是只有長時間坐在辦公桌前才叫做「工作」。

反倒是丹麥人會在日常生活中留白，透過從事其他的事物來獲得靈感、學習知識及新技術，再應用到工作上。這樣做反而能夠讓工作獲得最大化的成果。

丹麥人這樣想 34 走路可以帶來靈感！

「休長假理所當然」的氛圍——三週暑假

對丹麥人來說，休息與工作是一體的，休息與工作並非對立關係。

不休息就不可能好好工作。一味工作只會造成倦怠，無法有生產性的工作。

這是丹麥人普遍的想法。採訪時大家不約而同地表示，不休息就沒有辦法工作。正因如此，丹麥人很重視休假，不過，丹麥人的暑假真的很長。

丹麥一般都會在夏天，在七月中休三週左右的長假。因人而異，有些人甚至會跟公司交涉，爭取一個月或更久的假期。

所以，七月時丹麥各種社會功能都停擺。平時看的牙醫也放暑假去了，這段時間如果打電話約診，只會聽到電話語音回覆，緊急時請聯絡其他醫師的留言。

就算是可以賺錢的七月觀光季，因為員工休假，有的餐廳還暫停營業。老實說，七月在丹麥生活沒那麼方便。

但是，完全沒有人抱怨。因為大家都覺得，任誰都有休連假的權利。

自己也有權利放暑假，別人當然也是。因為休假是大家的共識，所以請假很容易。員工就算請了較長的暑假，也不會有罪惡感。

那麼，丹麥人暑假都在做什麼呢？暑假期間真的就能忘掉工作嗎？

我在採訪中詢問受訪者，很多人都回答說，他們是出國旅遊。也有不少人選擇待在國內的度假小屋或去露營，或者兩者都有。因為是長達三週的假期，可以安排各式各樣的活動。

關於假期時間，大部分人都說三週剛剛好。假期剛開始的前幾天還會想一下工作，但當搭上飛機或車子出發度假的瞬間，丹麥人馬上就會進入度假模式。之後就會完全忘記工作，盡情享受假期。直到準備回去上班的前幾天，才會開始思考工作的事。

暑假期間，大部分人的電子郵件都會設定「自動回覆」。

如果七月寫電子郵件給丹麥人，通常會收到以下的自動回覆：「目前休假中，〇月〇日上班。如有急事請聯絡〇〇。」自動回覆郵件中，還會寫上代理人或自己的聯絡電話。若你寄出信件時副本不只一人，還會收到所有人的自動回覆信件。

在丹麥，七月無法工作。因為沒有人會回覆你，等來的只有空虛。既然如此，自己也休假比較好。

這些年我也學到很多，懂得不要在七月工作。暑假期間的公事聯絡，對丹麥人來說，再困擾不過。

暑假期間徹底放鬆好好充電，之後就能精力充沛地回來工作。為了提升工作的生產力，丹麥人平時就需要休息，較長的暑假更是不可或缺。

順便一提，依據職業種類不同，休假相關規定有差異。但一般丹麥人一年合計可以休五到六週的有薪假。暑假以外，還有秋假（十月）、聖誕假期（歲末年初）、寒假（二月）、復活節假期（三到四月）等。其他偶爾還有一些國定假日。

而且，他們平時下午四點就下班。

沒想到放這麼多假還是能做好工作啊，這是我真實的感想。不過，我也覺得休長假不會有罪惡感，能直接休假充電的文化很棒。

丹麥人這樣想 35 打造「休長假天經地義」的職場文化

翻譯家霍美德的「人生平衡」

翻譯家霍美德（Mette Holm）是工作量大得驚人的丹麥人之一。感謝有她，丹麥才會有這麼多村上春樹書迷。

她是把日本文學帶到丹麥的重要人物，不只村上春樹，其他譯介的作者還有：川上弘美、多和田葉子、東野圭吾、村田沙耶香等人。她也擔負黑澤明及宮崎駿電影作品的丹麥語字幕翻譯工作。

截至目前為止，霍美德做了巨量的翻譯工作。光是她的翻譯書作品，在書店就能占上一個華麗的角落。事實上，丹麥的書店裡都有平放擺滿霍美德作品的陳列區。去到書展，大家也會注意到她的譯作，非常有存在感。

即使工作量這麼大，但譯文品質極佳。她會配合小說的世界觀及登場人物角色變換文體，就算直接讀丹麥語譯本，也能相同感受到日文原作的世界觀。我第一次讀霍美德的翻譯時，就靈魂顫動。她的翻譯具有魔力。

然而，觀看她的Instagram貼文，都是跟孩子、友人悠閒共享美食的歡樂時光、在森林散步的片刻、慢跑的紀錄、演講的姿態、去日本及希臘旅行的時刻等。其中偶爾也有她正在翻譯的工作桌照片，但我還是不禁懷疑，霍美德何時、在哪裡做了這麼多翻譯？

我趁著採訪機會詢問了本人。但無論怎麼問，還是無法完全解開我的疑惑。我想，或許她就是個「超人」吧。雖然沒有獲得解答，但我還是想跟所有讀者分享與她對話和從採訪的過程中獲得的收穫。

當孩子還小時，霍美德的日常作息如下。

一早送孩子去幼兒園跟學校，七點半到下午三點左右是工作時間。三點之後出門接小孩，然後採買、打掃、準備晚餐等。陪伴孩子的同時，如果工作忙，傍晚前還會工作。甚至，晚上孩子就寢之後，會再工作大概兩個小時。

她說，相信孩子們應該都還記得傍晚時分、媽媽敲打著電腦鍵盤的聲音吧。

霍美德打從心底熱愛翻譯工作。不過跟家人、朋友共度的時光也很重要，缺一不可。家人跟工作兩者都很重要，重要的是整體性、是人生的平衡。

現在，她的作息中多了散步及瑜伽。正因為有做瑜伽和一個人散步幾小時的時光，她才能持續投入翻譯工作。她說，相反地生活若少了瑜伽跟散步時間的話，她就沒辦法工作。工作與休息是一體的。

與伴侶離婚改變了工作模式

她在採訪中，跟我分享了一件趣事。她說自己之所以能夠完成這麼多的翻譯作品，可能跟離婚有關。

在丹麥，離婚夫妻可以共有監護權，常見狀況多是孩子輪流到父親跟母親家住，一次待一到兩週。

孩子跟自己住的那一週，霍美德會減少工作量。當孩子由前夫照顧的那一週，她就全心投入工作。正因為有這樣的生活循環，她可以計畫、比較容易安排工作。對工作來說，因為離婚，跟前夫分開生活剛好有幫助。

她坦率地說：如果我一直跟孩子和先生在一起，應該就沒辦法做這麼多工作了吧。

感人的是，這離婚絕非冷酷無情。

每逢長女生日，她都會邀請孩子的「兩位父親」一同慶祝。一位是親生父親，一位是養育的繼父。

她選擇了自己的生活方式和家族型態。正因為她非常重視孩子、工作和前伴侶，所以才能取得圓滿的平衡。

聽完霍美德的故事，我不禁覺得可以更自由地活出自己的人生很好。

丹麥人這樣想 36 自己選擇自己的生活方式——人生重要的是平衡

第 3 章

具備產值的「人際關係」——在信賴的基礎上，依賴與被依賴

接下來來談談丹麥人的「人際關係」。

第三章的主題是「人際關係」，是本書的重點所在。

換句話說，丹麥的組織之所以能夠效率良好地運作，並創造出高度生產力，關鍵就在於「人際關係」。

本章將分享創造高產值的思考及管理方式、上司角色，以及如何讓組織高度運作的祕訣。

丹麥人嶄新的管理方式及人際關係模式或許會為你帶來衝擊，但若能靈活運用，應該就能提高上班的動力，並提高生產力。

請大家期待閱讀成果，一起深入探討國際競爭力世界第一丹麥人的「人際關係」。

「失敗也沒關係」，所以敢挑戰——基於信賴的「宏觀管理」

丹麥不僅空間寬綽、時間步調上有餘裕，此外，丹麥人在面對事物的「態度」上也保留空間。這是怎麼一回事呢？

日本人渡橋時，是先確認安全才會前進。他們為了順利抵達目的地，做好萬全準備才出發，追求完美極致；也因此日本品牌是高品質的象徵。

我在丹麥生活了十三年以上，丹麥人給我的印象是：一邊造橋，一邊渡橋。

一邊造橋，一邊渡橋

就算沒有橋，丹麥人只要隱約看得見目的地，就會先起身，往目的地的方向前進。在這樣的基礎上，若途中發現需要一座橋，就會嘗試用各種方式造橋（有時也會試著從橋上往下跳）。一旦發現看來可行的方法，就會全速往前衝。

因此，丹麥人也經常發生必須回頭的情況，前面的嘗試變得「無用」。但這種「腳步輕盈」正是丹麥的強項。

事實上，世上多的是不嘗試就不知道該怎麼做的事情。因此，與其浪費時間在事前準備上，倒不如小規模的嘗試，反而更容易抓到感覺。

丹麥人從小就看著父母親ＤＩＹ、嘗試錯誤的姿態，也在學校接受即使拼音錯誤也沒關係，先試著寫出文字就好的教育。或許在這樣的環境下成長，他們自然而然就培養出了腳步靈巧的行動力。

我在第一章曾提過，支撐著丹麥高度競爭力的是「先見之明」和「善於因應變化的能力」。能夠預測未來變化，而從中展開行動的原因是，就算他們尚未做好準備，一開始就能行動的「輕盈」。

丹麥人這樣想 37 總之先朝向目的地，邁出第一步吧

不執著於「已決定好」的計畫

凱奈特（Kenneth Sejlø Andersen）曾經擔任以勞動公會組織為中心的管理職，目前也是組織高層，他用非常容易理解的方式，為我解說丹麥人的工作方法。

我們就算做了計畫，也會視狀況持續調整。只要有「想往那個方向走，想達成這個目標」的念頭時，我們就會率先行動。在一邊嘗試一邊實踐的過程中，就能學到很多。若中途發現目標設定錯誤，有時也會直接更改目標。這種做法，我認為非常丹麥。**就算做了決定，也不會固著於這個決定**。若在過程中，覺得換個方法比較好的話，我們就會改變做法。

凱奈特的說法，明確呈現出丹麥人對事物的基本態度。丹麥人並沒有過分認真、沒有彈性的特質，像「貫徹始終」、「決定好的事情就要做」、「按照計畫」等。丹麥人認真工作，但不認為固守已決定的事項或規則是正確的。他們會視狀況而定，柔軟調整判斷，有時甚至會改變目的及規則。

相反地，若情況明明已經改變，有人卻還是堅持當初的決定及規則的話，我感覺丹麥人一定會說：「情況已經不一樣了，不要再執著在那些事情上，讓工作繼續做下去吧。」

丹麥式思考的前提是，計畫並非絕對，經常可能發生變化。

走筆至此我有個疑問：如果計畫常改變，大家不會很有壓力嗎？面對我的疑惑，任職大學、擔任企業IT顧問的艾瑞克這樣回答。

我想我們很習慣計畫的改變。在小學，上課時間也不是清楚區分。就算有預定的上課時間，也經常視狀況而改變。所以，我們認為**預定就只是預定，隨時都有可能變化**。

約略做計畫，再視狀況逐步修正軌道就好。這就是國際競爭力世界第一的丹麥人基本態度。

丹麥人這樣想 38 預先認清計畫是「會改變的」

「有意識地」重新擬訂計畫

計畫必須視進行的狀況而修正。

但這與毫無計畫或只為了當下所想出的權宜之計，有著本質上的不同。丹麥人嘗試後如果遇到問題，就會在準確判斷下，重新擬訂長期計畫。這並非單純的沒有計畫。

例如，艾瑞克雖然做了計畫，但如果突然有其他緊急的工作要處理，就會重新擬訂計畫。

如果有事想要跟上司、同事、下屬討論，他會跟大家預約開會時間。因為自己跟對方都有當天的原定計畫，這是為了不打亂彼此的工作節奏所做的安排。

改變計畫並非毫無計畫地隨當場狀況而行動。因為即便在怎麼改變，還是需要擬訂計畫。

延斯是電器技師，長年在工廠裡，從事操作機械相關工作，基本上一路受惠於職場環境，不過他說自己也有表現不好的職場。

我表現不好的職場，是那種當天才會知道工作內容的地方。到公司後，當場才會被告知工作任務，除此之外，上司還會頻繁下指令。在這種環境下，**我根本沒法做計畫，而且**

工作上沒有自主的感覺。

頻頻回首工作仍是毫無計畫，反而造成延斯的壓力。延斯覺得就算有變動，還是不能沒有計畫。

對延斯來說，好職場是每位員工都能自主決定自己的工作計畫，可以自由工作。有計畫比較好，但是不被計畫侷限更好，計畫本來就是要跟著情況而調整。

丹麥人這樣想39 沒計畫會NG。臨機應變「重新擬訂計畫」

「我們誰都會失敗」

一般來說，丹麥人之所以能夠輕快地展開行動，是因為所處環境對「失敗」相對寬容。

透過採訪多位丹麥人士，我發現對於什麼是「失敗」的看法上，丹麥跟日本有很大的差異。

特別是當主管能夠對下屬的失敗寬容以待時，員工就能夠不畏懼失敗，安心用自己認為最好的方式行動。

無論是什麼專案，無論是哪種員工，都有可能失敗。

海琳娜身為管理下屬的組織高層，她一點都不擔心下屬的失敗。她這樣說：

> 對於下屬的錯誤或失敗，我完全不擔心，因為任誰都會偶爾犯錯失敗。有時下屬自己前來報告，有時是我發現下屬的錯誤。但正因為**我知道沒有一個員工會故意犯錯，所以不會生氣**。

當發現下屬失誤導致問題時，海琳娜會跟下屬一起解決。然而如果問題大到難以解決的話，她就坦然面對狀況，並盡最大努力處理。

但海琳娜絕不因此就責備犯錯的下屬，只是會為了避免犯同樣的錯，跟下屬面對面一起討論該怎麼做。

文森曾在多家大企業，從事製藥相關工作，他指出不責備失敗的環境極為重要。

製藥過程中，員工坦承錯誤並報告問題非常關鍵。若未誠實以告，將會對患者及公司造成致命性傷害。從事製藥相關工作完全不能有任何隱瞞。

然而，文森表示他並不會因此在工作時就有不能犯錯或引發問題的壓力。工作時全力以赴，即便失敗或問題發生，就趕緊向上司及同事報告。報告之後，大家才能一起想辦法解決。

我身處的職場相當寬容，能夠接受員工犯錯誤及失敗，因為任誰都可能發生。

丹麥人這樣想 40 失敗是理所當然！領導者對失敗抱持寬容

丹麥人這樣想 41 失敗了就跟上位報告↓大家一起想解決辦法

跟主管請示並非工作的本質

對失敗寬容的丹麥職場，不做微觀管理。也就是說，上司不會一一詳細確認下屬的工作。因為上司信賴下屬才會把工作交付給對方。

丹麥職場的最大特徵就是，基於信賴的宏觀管理（macro-management）。

事實上，或許在完全無意識之下，日本轉變為由「不信任」引發的微觀管理來經管多數組織。這是因為對員工和自己不信任所採取的管理方式。

例如，上司要求下屬逐一彙報進度，而下屬也會對上司逐一請求確認。溝通這些細節，乍看之下似乎令人感到安心，能培養彼此的信賴關係。當然這麼做的確有這層面的考量。

然而，若上司和下屬之間真有「信賴」，你不覺得就不需要鉅細靡遺地去請示和許可，進行這種相互溝通過程了嗎？

上司如果真的信賴下屬，根本不需要逐一確認：「○○進行得如何？△△呢？××都OK嗎？」

下屬也一樣，如果相信自己的判斷，又或者認為上司會信賴自己的判斷，也就不需要請示主管到枝微末節的程度：「關於○○，這樣做可以嗎？」

這麼一想，細節的請示、許可工作，其實可能是不信任對方或出自於對對方或自己的不信任吧。如果上司跟下屬彼此真有信賴關係的話，應該就不需要從細節去確認及爭得許可。

「○○來做的話，就沒問題」，主管若能夠這樣想的話，不才是真正的信任嗎？

仔細想想，「許可」及「確認」只不過是執行工作時的一種溝通型態。許可及確認本身並非工作的本質。

不過我們是不是後來才發現，下屬比起留意上司的臉色或實際能展開的工作進度，是不是更專注在「尋求上司的認可」上呢？比起讓下屬的工作順利進行，上司是不是把時間和精力都浪費在「控制」下屬身上了呢？

提升工作效率的關鍵在於「基於信賴的順暢溝通」。而且，順暢的溝通必須奠基在「相信對方的能力」及「相信自己的能力」之上。

丹麥人這樣想 42 微觀管理NG！信任下屬、交付工作

宏觀管理創造「時間價值」——上司與下屬都更輕鬆

那麼，實際在丹麥職場工作的員工又是如何看待宏觀管理的呢？以下介紹幾位受訪者的感想給大家參考。

上司交辦工作給我們，讓我們覺得自己能在職場上勝任。**上司不會一一確認，我們可以自己做各種判斷**。當看到跟製造產品有關的中國人的工作模式時，我感覺到管理方式差異相當大。中國員工無法自己判斷，決定事物的經常是上司。（文森）

因為有信賴基礎，所以主管不採取微觀管理，我認為這是不管公司地點在哪裡的丹麥企業的共通點。我喜歡這樣的丹麥工作文化。**如果置身在上司每天都要向我確認：「進度如何？」的環境底下，我會覺得很有壓力**。

不過，有時我還是會碰到困擾。像我陷入難題時，跟上司商量卻只得到「你應該做得到」的回應，還真是不知道該怎麼辦才好（笑）。但基本上，我認為不做細微管理的丹麥式管理風格，還是有更多好處。（麥特）

我工作的工廠會讓我們自訂工作計畫。**每個員工做的都是自己擅長的事**。例如，會操作電腦且善於訂計畫的人就負責計畫，強項是找材料的人就負責材料，大概是這種感覺。大家能在各自擅長的領域自由工作，非常愉快。

如果有誰一一確認我們在做什麼，應該會帶來很大的壓力。我覺得所謂的好職場，是能在雙方都覺得適當的距離感之下工作的環境。（延斯）

實際在宏觀管理公司底下工作的受訪者都給予正面評價。

那麼，上司又是怎麼思考避免對下屬做微觀管理的呢？

我試著詢問後，身為組織高層的海琳娜給了我很有趣的回答。海琳娜說，她根本沒有餘裕可以做微觀管理。

本來我就沒有時間可以一一確認所有人的工作，所以必須信任下屬，並把工作交付給他們。

她的回答，是一位從下午四點就下班的上司口中，傳達出的最真實心聲。

確實，即便從「時間價值」的觀點來看，管理下屬細節過於耗時。上司不做細部管理，而是信任部屬並把工作交付給他們，只在必要時提供支援就好，這麼做「時間價值」才高。

如果下屬都要一個一個等待我的指示才動作，光是這樣就會花費很多時間。大家都自主工作才會有好效率。

企業採取宏觀管理才能聯結上司的「時間價值」。

像海琳娜這樣，只要上司決定提早下班，就沒有多餘時間對下屬做細節管理，或許就能自然轉換為宏觀管理。

丹麥人這樣想43 宏觀管理讓下屬「感覺輕鬆」

丹麥人這樣想44 為了時間價值，放手交辦給下屬！

綠燈前行！

如下所述，丹麥職場的預設值是「綠燈」。

上司臉上寫著：「綠燈前行！」下屬不會一一仰仗上司的指示，不會確認上司的反應。

管理市政府職員的哈斯也指出，宏觀管理的方式更有效率。遇到不懂或困惑的事情，隨時都可以接受下屬的商量。不過，哈斯總是這樣對下屬說：

與其說是你徵求我的許可，倒不如說是我允許你失敗。

換句話說，與其事前跟上司確認，倒不如讓下屬用自己認為最好的方法嘗試，就算失敗也無妨。當下屬覺得以最棒的方式嘗試卻失敗的時候，哈斯總是做好準備。

哈斯和下屬的對話大致如此。

下屬：「我可以做〇〇嗎？」

哈斯：「如果你認為那個方法最好，就去做吧。只要選擇你認為最好的方式去執行就行。**若成果不如預期，請向我報告**。到時我們再一起討論改善的方法。」

如果有這樣的上司，你會有什麼感覺？

上司的臉上總是寫著：「綠燈前行！」這麼一來，即使你過馬路時，人潮再擁擠，都能挺起胸膛、勇敢前行。

丹麥人這樣想 45 綠燈前行！讓下屬勇往直前！

丹麥上司真的不會生氣嗎？

這時我有個疑問想問受訪者。

就算彼此再有信賴關係，如果下屬做出超乎預期的行動，主管會有什麼反應？主管站在「交給下屬」的立場，真的會放任問題行為不管嗎？

主管雖不會大聲責備下屬，但當然會直接指出問題點，請下屬改善。

海琳娜就有這樣的經驗。一個剛進公司不久的新人，在大型活動舉辦的前一天對她說：「我要跟家人去旅行，沒辦法參加活動。」但那是一場所有員工齊心投入所籌備的大型藝術活動。

那時我直接說了：不准假。這種事必須在更早之前就先說。不過因為他是新人，搞不清楚工作狀況。所以，**我對他說明了為什麼必須參加活動，以及為什麼無法參加時必須先提早提出**。

海琳娜提醒下屬時會非常注意自己的說話方式，不過一定會直接表達意見。

在市政府擔任管理職的哈斯也說，他基本上不會責罵下屬。不過，他也曾對懶惰、不認真的員工生氣。

例如，有員工在工作時間一直玩手機，哈斯提醒對方：「工作時間不要看手機。」如果講了很多次員工都不聽，哈斯就會把對方叫來面談。

不過，即使在丹麥，難免還是會發生上司大聲怒斥下屬的狀況。延斯就分享了自己被上司大罵的經驗。

他當時在工廠工作，廠裡的重要機器突然故障，延斯正著手修理。那部機器若停擺一個小時，公司就會損失重大，上司於是脹紅著臉、大罵延斯。

但事後上司向延斯道了歉，表明自己做錯了，請延斯原諒情緒失控的自己。

延斯接受上司的道歉，重新接受對方。延斯表示畢竟上司也是人，也會犯錯。

丹麥人這樣想 46 **直接指出問題行為**

丹麥人這樣想 47 **上司承認失敗，就算對下屬也要道歉！**

我眼中的丹麥

教育現場也講宏觀管理!?

這是我為「日本富比士」（Forbes JAPAN）公司發行的《WORK MILL》（二〇二三年）寫稿時，所採訪的故事。雖然雜誌主題是北歐的工作文化，但我也拜訪了幾間教育機構。我在過程中，有了重大發現。柯靈設計學院（Design School Kolding）培養出許多優秀的領導者，校長琳・譚葛爾（Lene Tanggaard）說的話，讓我永生難忘。她表示，國內外許多優秀的學生都會來此就學。不過，針對外籍生，有件事她必須在一開始就教導他們。

我們必須教導外國學生：「你是自由的存在」。

我問她為什麼，校長說外國學生似乎有等待老師「指示」的傾向。不過，等再久也不會等到指示。等待指示就只會變成永遠在等待。

丹麥學生不等指示就會自己開始進行專案。而且，過程中遇到問題，便毫不猶豫地去請教老師。

外國學生必須理解到自己是自由的，有不懂的地方，直接詢問老師比較好。

聽到這裡，我發現丹麥的師生關係，與丹麥的上司與下屬的關係似乎有共通之處。你覺得呢？我是不是可以說在丹麥，教育機關也採行宏觀管理的教學呢？

也評價「失敗過程」

丹麥學校文化之寬容，讓學生艾蜜莉（Emily Fromhage）感到驚訝。艾蜜莉畢業於美國的高中及大學，現在是柯靈設計學院的學生。她說身處於丹麥的「寬容學習環境」中，可以開發出更多的可能。

在丹麥，評價專案不會只看結果，也會評包含失敗在內的全部過程。

學生在成果發表時，必須說明：自己基於什麼目的而展開研究，經過什麼過程，（包含失敗在內）學到了什麼，之後如何活用所學。

失敗絕不是壞事，如何活用失敗中學到的東西才是重點。

在美國時，我覺得我們經常被要求拿出成果，完全沒有失敗的空間。所以，大家總是只提出比較安全的、不容易被挑剔的作品。即使學會技術，卻無法更深入地探究自己、實驗新東西。

然而來到丹麥，置身於失敗過程也會被認可的環境中，我變得可以盡情嘗試各種想做的事。終於，我沉睡已久的創意點子開始甦醒，我覺得自己可以開拓出更多新的可能。

丹麥的大學生活，讓艾蜜莉得以與沉睡在內的「創造力」相遇。在可以失敗的環境當中，就能追求真正想做的事，可以不斷嘗試錯誤，人也就能有所成長。

丹麥人這樣想48　讓人成長的是「可以失敗的環境」

沒有上下關係的平等職場
——上司是下屬的導師

隨時都能商量

看到這裡，相信很多讀者已經發現，丹麥的上司與下屬的關係，與一般的上司和下屬的關係和樣貌有很大的不同。

一般來說，丹麥的組織裡沒有階級。

更正確地應該說，雖然職場有階級區分，但並非上與下的單一關係。與其說職稱代表「地位」，事實上更是呈現「角色」的不同，上司與下屬之間存在著平等、雙向的溝通。

下屬實際主動執行工作業務，上司則是擔任引導者的角色。

凱奈特目前帶領約二十人的團隊，認為下屬是「各領域的專家」。例如，會計部門是由會計專家所組成，ＩＴ部門則都是ＩＴ專家。

各領域的專家是他們，不是我。所以，讓他們用容易進行的方法工作就好。我總是對下屬說：「我是笨蛋，你們才是會做事的人。」

雖然凱奈特這樣說，但他其實是非常優秀的領導者。因為他認為下屬才是最了解各項業務的人，因此讓下屬用他們認為的最佳做法去工作就好。

凱奈特的管理方式不是微觀管理，而是宏觀管理。

各部門自行擬訂計畫，之後再向上司凱奈特報告。凱奈特掌握各部門的計畫，從旁觀察整體的進度，但絕不介入處理各項業務。

不過，當各部門因出現問題前來報告或商量時，他會開心地一起討論。

凱奈特在辦公室接受我的採訪過程時，指著書房的玻璃門說：

現在是因為我們在訪談，這扇門才關著。**平時可都是敞開著的喔**，我想讓員工隨時都能進來找我討論。

凱奈特每天都會分別跟二十位員工說上幾句話。正因如此，他建立起員工們都能輕鬆找他談話的氛圍。

工作雖然交由各部門執行，但如果有狀況發生，凱奈特會隨時商量。當下屬因為任務太多而感到困擾時，他會明確指示優先順序。若下屬與顧客發生爭執，他會出面道歉、解決問題。

我詢問凱奈特，採用這種管理方法，無法自己掌控工作，不會感到壓力嗎？他說，這麼做不僅沒有壓力，甚至可以說還能非常輕鬆管理。

不過他也指出，重要的是當問題發生時，下屬必須毫無隱瞞地向他報告現況。不報告就沒辦法處理。然而，因為只要有報告，就能一起想解決對策。

凱奈特熱愛當領導者的角色，具有成為良好領導者的哲學。他一路上經常思考領導方法，在工作中實踐、嘗試想到的管理點子。

他關心的目標和方向，不是獲得地位，也不是控制下屬。他希望能夠跟下屬站在同一陣線，建立起所有人能相互良好溝通的關係，讓工作能順利執行。他期待能在職場孕育好文化。

因此，凱奈特除了對員工做問卷調查之外，每三個月左右會實施一次一對一的員工面談。而且，夏季也會舉辦當天來回的員工小旅行。

丹麥人這樣想49 上司抱持著容易討論的態度，等待下屬上門

讓下屬察覺自己在公司所「負責的工作」

若上司擔任的角色是下屬的引導者的話，那麼當一位引導者的重點是什麼？

在電視界擔任中間管理職的凱特琳娜表示，領導者應該達成的重要任務，是在巨大的脈絡下，讓員工理解到的自己應該擔任的角色。

當每一位員工都能在大脈絡底下，理解「個人角色」，真實感到「自己有所貢獻」時，就能發現自己在組織中存在的意義。而且，若覺得工作上有幹勁，員工就會變得更願意行動。

凱特琳娜表達的內容，值得深思。

我們容易把眼前的任務誤認為「工作」。但比起這些，當每位員工都能理解到在大脈絡之下的「個人角色」，組織的機動性就會變高。

當每位員工都理解自己在整體中扮演的「個人角色」時，就能產生更多「效率」、更有活力，而不只是單純處理眼前的任務。

若員工只知道自己在小脈絡下的工作，**將無法理解自己的工作會如何影響A和B，又會如何影響到公司整體。就算員工各自努力工作，結果就整體來說，卻沒有效率。**

透過理解「工作的聯結」，我們就會感受到工作的幹勁。而且，若每一位員工都理解到自己在整體交互作用中，必須扮演的角色的話，就能提升公司整體的效率。

身為上司，凱特琳總是傾聽下屬的意見。為了讓下屬理解他們被交付的工作意義，她認為跟下屬對話非常重要。

如果你不聽下屬的意見，他們就會感覺自己「不被認可」。若沒有人認可下屬執行的工作項目，或誰都不在意下屬的話，他們就會有「這種工作，隨便做做就好！」的心情。抱持著這種心情工作，不可能有好成果。

見。

為了讓下屬感覺到工作意義、願意主動工作，主管就需要認可下屬並傾聽他們的意見。

特別是現今的丹麥年輕世代，是詢問工作「意義」的世代。主管為了建立與下屬的信任關係，有必要傾聽他們想實現的事情和意見。

丹麥人這樣想 50 上司必須讓下屬理解「自己的角色」

只要達成目的的手段都行——不問方法

凱特琳採取的也是宏觀管理。信賴下屬，不對下屬的工作做細節管理。她總是對下屬說：「我覺得你辦得到。」此外，工作的方法也全部交由下屬決定。

只要能做好工作，不論下屬想用什麼方法都可以。凱特琳從不指示具體的工作模式，因為每個人容易完成工作的方法都不同。

不問方法，讓下屬用自己容易工作的方式進行就好。當新人開始工作時，凱特琳會這樣說：

不用緊張，按照你自己的節奏，用自己的方法做就好。

不過，聽到主管不要求方法時，你有什麼感覺？

你是不是覺得因為可以自由工作而感到開心？又或者你會因為沒有手冊可以參考，反倒覺得工作難度變高？

史汀曾在香港擔任組織高層，他說的話令我印象深刻。

在香港工作時，我面對香港員工，必須具體指示工作內容及工作方法。**他們說在香港，一般下屬都會按照上司提出的詳細指示執行，而下屬希望我也可以這樣做。**我只要一沒有提出具體指示，他們好像就不知道該怎麼工作。

香港人的這種傾向是不是跟日本人很相似？

因為員工已經習慣得到具體的工作指示，只要一沒有指示就變得不知道該如何推進工作。

我們容易想像下述的畫面，上司只大概說明工作任務，而員工對於該怎麼做感到困惑不安。

那麼，為什麼丹麥人就算沒有上司指示，還是有辦法行動呢？追根究柢，根本理由就是「教育」。

我們習慣自己思考。因為，從小我們就是自己訂計畫，運用自己全部的經驗及知識，自己想辦法解決問題。

在香港及日本，學習大多是指獲取知識，而考試只是確認吸收了多少程度的知識。

相較於此，比起學習知識，丹麥教育更重視活用知識的能力。比起知識本身，如何運用知識的應用能力才是重點。

對於習慣自己思考的丹麥人來說，很適合這種不問方法的工作模式。

丹麥人這樣想 51 **不問方法，讓下屬用容易做事的方法工作**

丹麥人這樣想 52 **比起知識，更需要的是運用知識的能力**

若工作無目的或意義，就要面對下屬的質問

正因為丹麥人下屬擁有獨立思考的能力，所以不會照單全收上司的指示。這或許有點難以想像，但在丹麥，下屬經常不聽從上司的指示，而上司也認為這樣很好。

凱奈特曾經被下屬拒絕過工作。因為即使上司指示，下屬若認為這個工作沒有意義，他們是不會做的。

我提了一個新專案，下屬的第一個問題是：「做這個方案的目的是什麼？」如果我無法詳細說明專案的目的及意義的話，馬上就會被下屬的各種問題攻擊。

在丹麥職場，彼此詢問「為什麼」的文化，可說是深植人心。

下屬不會只一昧聽從上司指示，對於被指派的工作，他們會自己判斷這麼做是否有意義。因此，上司必須讓下屬理解為什麼他們必須完成這項工作任務。

在講究上下關係的日本職場裡，下屬需要很大的勇氣，才敢詢問上司：「這項專案是為了什麼目的而做？」然而，上司和下屬互相詢問目的，可以省去無意義的工作，更能提

升工作效率。

經營「TAKE BACK TIME」公司的培尼雷，說了一個有趣的故事。丹麥的大型漢堡連鎖店「Sunset」的社長，在公司裡培養了互相詢問「為什麼」的文化。而這個相互質疑「為什麼」的文化，到現在已成為提升公司生產力的有力工具。

為什麼員工要完成這個任務？為什麼要採用那種方法？為什麼需要這麼多人一起完成這個任務？為什麼這個時間不能回家？

就算是再小的事，只要試著問：「為什麼？」及「為了什麼？」，就能捨去無意義的工作。

就算下屬問：「為什麼？」丹麥上司也不會感到不悅。他們認為下屬提問，表示在關心工作，這是下屬正在用自己腦袋思考的證據。因此，上司非常歡迎下屬對工作指示提出疑問。

具體來說，如下所述。當下屬被叫去參加會議時，可能會產生這樣的對話。

下屬：「我也出席會議比較好嗎？」

上司：「對，我覺得參加會議對你來說，利多於弊。」

下屬：「嗯。這樣啊。但我覺得參加好像沒什麼意義。」

上司：「是嗎？如果你這樣想，那就不用出席吧。」

這位上司既沒有生氣，也沒有酸言酸語。如果下屬本人覺得沒有意義，那真的沒有出席的必要。

在丹麥，上司一般都很正面接受下屬的提問。就算指示遭受質疑，他們也不覺得這麼做「失禮」。

然而，下屬的疑問必須是為了追求好成果所提出的建設性問題。「TAKE BACK TIME」的培尼雷指出：

若員工只是單純發洩不滿是不行的。「為什麼非得做這個工作？」這與一直抱怨不同，相對地是去思考：**怎麼做才能讓自己有更好的成果？怎麼做才能讓公司有更好的成果？這是對成果懷抱好奇，具有建設性的溝通。**

會互相問「為什麼」的職場，並不是員工在抱怨的職場。這個文化鼓勵的是，為了提升成果所形成的建設性溝通。

丹麥人這樣想53 互相詢問：為什麼需要完成這項工作任務？

樂高公司高層與清潔人員平等對話的理由

文森曾在多家大企業工作，一路以來，他都會好好跟上司表達自己的意見。

我可以跟任何人說自己的意見，就算對面是上司我也照說不誤。雖然偶爾會被對方擺臉色，**但只要是正面的、有建設性的提案，最後對方都會接受**。一直以來，我就算跟上司意見不同，我還是會好好表達自己的想法，最終都能獲得上司的正面肯定。

一個可以坦率提出意見的職場環境，有各種優點。

曾在樂高公司工作七年的卡斯汀表示，在樂高的環境底下，員工也可以公開討論。遇到什麼問題，同事會向上司報告，希望上司可以一起討論如何解決。上司基本上都正面傾聽下屬的意見。

卡斯汀指出，想要改善組織，上司必須聽取下屬的意見。

> 如果高層或管理階層無法掌握現場狀況，就會有錯誤決策的風險。**唯有傾聽下屬，正確掌握現場狀況，才能夠針對組織需求，準確地解決問題**。我覺得組織中，包含問題在內，能夠開誠布公地共享資訊的職場，才是一個好職場。

卡斯汀說，他可以想像當時樂高高層，平等地與清潔人員對話，並將清潔人員的意見反應在組織改善上的模樣。

這樣做的不只有樂高公司。世界知名丹麥建築師「比亞克・英格爾斯」（Bjarke Ingels）創立的建築事務所ＢＩＧ（Bjarke Ingels Group）也是如此。在這裡不問職稱，大家都能平等地傾聽彼此的意見。在ＢＩＧ工作的女性建築師艾姆（Narisara Ladawal Schröder〔Em〕）這樣說。

辦公室有實習生，學生的意見也會獲得傾聽。**在職場有平等傾聽大家意見的文化。**

即便是備受世界矚目、走在世界前端的建築事務所ＢＩＧ，都有傾聽實習生意見的文化。新人身為讓組織前進的一員，被要求表達意見，當然新人的意見也會被傾聽接納。

丹麥人這樣想54 聽取下屬意見並應用在組織改造上！

為了下屬說ＮＯ的勇氣

透過採訪，我慢慢整理出受訪者提出的共同訊息。

為了讓組織高度發揮，讓每一位員工感到「幸福」是不可或缺的。

正因為丹麥建立了讓員工在生活及工作中都感到充實，能精力充沛工作的環境，他們才可以在工作上高度發揮，也能帶動組織整體的表現。

而且，丹麥人像具有「默契」般，理解此事。若身處在一個需要忍耐、需要犧牲私人生活，而且還不能對上司表達意見的工作環境的話，當然不可能提升生產力。

不管怎麼說，當員工真心對工作感覺喜悅，就能將對工作投注的熱情，聯結至生產力的提升。一個人再怎麼努力，也不可能贏過對工作投注熱情的人所產生的工作成果。

真正的生產力，不可能來自犧牲自我。唯有無止盡的好奇及對工作感到喜悅，才能創造生產力。

驚人的是，我採訪的許多丹麥人都說過類似的話。對他們而言，這些觀點彷彿「理所當然」。

任職於世界最先進共享工作空間「BLOXHUB」的安柏莉指出，工作時最重要的是「好能量的循環」。

所以，絕對不能讓下屬感到疲憊。安柏莉說，為了保障下屬的工作環境，就算是上司的指示，她有時也會拒絕。

中間管理職的工作並非只聽從上司指示。為了讓下屬能夠愉快地工作、產生好成果，中間管理職更必須為下屬整備好工作環境。這樣做的話，最終也能帶動組織整體生產力向上。

安柏莉會仔細觀察下屬的個性，為每一位下屬提供容易工作的環境。

有些人喜歡社交，喜歡透過跟大家討論來工作。有些人則是喜歡自己一個人，集中精神工作。如果把迥異的兩個人放在同一個房間裡，就會造成彼此的壓力。我的任務是，依據員工不同的個性，為每一位員工提供工作容易上手的環境。

並不是說哪一類的員工更為優秀，而是因為每個人有不同的個性，都有各自更容易工作的方式。

尊重每一位員工各自的個性，為每個人提供適合的環境，更能夠提升組織整體的生產力。

丹麥人這樣想55 **優先為下屬提供容易工作的環境，有時也會對上司說NO**

我眼中的丹麥

丹麥人不忍耐的能力

我常聽到去過日本的丹麥人說，日本人有服務精神，去日本旅行的體驗真的非常美好。在日本一切都好，非常方便，不管去哪裡都能獲得協助。而且，日本人有禮貌又很貼心。每次聽到丹麥人聊起讓他們滿意的日本旅行故事，我也很開心。

曾在日本拍攝電影的卡斯帕也說，日本人真的非常細心，丹麥人應該可以從日本人身上學習到很多。

每次聽到這些回饋，我開心之餘也忍不住想，這些美好經驗背後的工作環境又是如何呢？是不是帶著不少的「忍耐」呢？

日本人向來以忍耐為美德，習慣壓抑自己的情緒。我問卡斯帕：「丹麥人有忍耐的時候嗎？」他這樣回答：

丹麥人會把心裡想的事，說出口。我們丹麥人不太能忍耐。就算暫時放在心裡，也放不了太久，最後還是會忍不住直接跟本人說。說得好聽點，或許是善於對抗，說得難聽點，也可以說是沒禮貌。

或許丹麥人學習日本人的服務精神和禮貌很好。但同時，日本人或許也應該學習丹麥人「不忍耐的能力」。

不過於忍耐，光是這樣就能明確掌握彼此的問題。面對問題時，才能一起討論解決策略。

丹麥人這樣想 56 不過於忍耐！把想說的話說出口！

「不勉強自己也不勉強他人」的溝通
——自然產生「最強團隊」

若能成功培養人際關係，也就等於完成工作

提高工作生產力有關鍵，亦即上司、下屬、合作廠商、顧客之間的「順暢溝通」。說得簡單點，就是「人際關係」。

為了尊重彼此時間、提高雙方的時間價值，為了上司可以帶領下屬，為了打造能讓員工輕鬆表達意見的職場環境，所有的關鍵都在於「人際關係」。

「人際關係」的建立若是有信賴基礎、能互相尊重，自然就會顧慮彼此的時間價值，上司也能夠以適切的形式，帶領下屬。而且，員工也能安心表達自己的意見，誠實且具有建設性的溝通將成為可能。

反之，若沒有好的「人際關係」，就會心生懷疑、互相猜忌。互相不信任的結果會造

成惡性循環。一旦變成這種關係，無論做什麼都會產生誤解，彼此無法對話，工作效率沒辦法好轉。當討厭對方的情緒出現時，工作效率只會不斷變差。

因此，提高工作生產力的關鍵就在於「人際關係」。

在丹麥製造商當海外銷售的丹尼斯（Dennis Morild）也表示，人際關係就是一切。

最重要的是，跟關鍵人物建立起個人與個人的良好關係。若能成功達成，工作幾乎已近完成。

丹麥人這樣想 57 工作的九成取決於「人際關係」

看透下屬的興趣及專長，以此組成團隊

為了促進良好溝通，維持公司的高生產力，有必要任用合適的人才。在製造商擔任海外銷售的丹尼斯指出，所謂合適的人才，就是對這個職務有適切的關心且適合的人才。

也就是說，對工作內容有興趣，能夠負起責任投入工作的人才。

說起來，我們對於完全不在意的事物，本來就很難學會。丹尼斯說，衡量一個人對工作關心程度的指標是「記憶力」。

我記不起來，就是不關心。

聽到這句話，我心頭震了一下。你是不是也曾經如此？

對於自己喜歡的事情就會積極查詢，而且記憶深刻難以忘記。而對於無聊或不感興趣的工作，不管人家怎麼說明就是記不住，很快就會忘記。

藉由記憶力來測量關心程度，似乎不見得是錯的。

此外，在現今的時代，專業知識固然必要，但更重要的是「運用知識的能力」。透過網路，就能搜尋知識。比起追求豐富的知識，更重要的是擁有查找、發現自己想探討的資訊，並實際運用的能力。果然，沒興趣的話，工作就沒辦法開始。

此外，也有人雖然對於工作內容感興趣，卻不太適合工作的習性。如果一個人無法針對進度管理或狀況，做出適切判斷，就很難一起共事。

丹尼斯表示，沒辦法在信賴基礎上，在宏觀管理下行動的人，很難在丹麥生存。如果不細部管理就很難有工作進度的話，很可能是下屬不適合這項職務。

上司要能夠透澈了解夥伴的興趣及專長，覺得不對時就更換成員，這樣才能高度維持團隊競爭力。若要維持高度生產力，就必須找出興趣及專長合適的成員替換。或許這麼做感覺有些冷酷，但與其讓員工勉強持續做不合適的工作，長遠來看轉職才是為員工好。

丹麥人這樣想58 **洞悉員工的興趣及專長是否適合該項職務**

丹麥人這樣想59 **利用「記憶力」，測量關心程度！**

為了統整多元個性的「必要品項」

凱奈特有著獨特的管理哲學。

專業固然重要，但凱奈特選用員工時，會思考「對方是否能為團隊帶來多樣性」。例如，他認為雇用外國人或障礙者，能為組織帶來新觀點及新方法。這樣做也能幫助他們融入社會並順利就業，產生能包容多樣性的職場環境。

若在職場裡互相包容，就能打造出能接受異質個性、活用不同資源的職場文化。

所謂的公司，就是共有任務的夥伴，為了達成任務而「發揮彼此多樣個性並活用資源的地方」。

只要這樣想，就會知道與其選擇個性相同的成員，具個性差異的員工對組織更好。

丹麥的職場基本上就是由「多元性」所組成。

之所以這樣說，是由於每個人都是基於分工，身為各領域專家而被公司所聘用。

組織是由不同專業、不同個性多元的成員所組成。然而，光是擁有多元個性的員工並無法建構起一個團隊。為了達成公司的任務，將多樣性個性視為人力資源上，必須有的「某個東西」。

這「某個東西」是什麼？

只要把多元個性的員工想像為各種造型的零件即可。模樣各異的零件，只是分散的零件罷了。唯有把零件與其他零件組裝起來，單項零件才能發揮自己才能產生的「功能」。

而且，為了讓由多種零件組成的機械順利運作，就需要「某個東西」。

請想像一部大型的機器在你面前，你覺得需要什麼才能讓齒輪與齒輪完美接合，進而帶動這部大型機器能順利運作呢？

那就是「潤滑油」。

如果不幫每個零件塗上「潤滑油」，即使將零件組裝起來，機器也只會發出尖銳聲，無法順利運作。一旦機器啟動就會造成各種零件相互摩擦而卡住，機器或許會再次停擺。

「潤滑油」是可以讓各樣造型零件組成的機器順利運作，讓產能高度運轉的必要之物。

那麼，職場上的「潤滑油」是什麼呢？

那就是「社會性」。在丹麥職場中最重要的，其實是能夠建立良好人際關係的「社會性」。

因為形狀各異、個性化的零件，塗上「社會性」這個共通的潤滑油之後，零件與零件之間就能完美接合，可以高速運作、產能滿載。丹麥的組織之所以生產性如此之高，是因為一個個塗上潤滑油的零件巧妙地咬合、連動。

「在丹麥職場，絕不能輕視『社會性』的重要性。」建築師蘇連指出。

丹麥人自小學習培養的「社會性」，就像是讓機器運轉的潤滑油。

採訪時聽到蘇連這麼說的當下，我豁然開朗，終於知道了丹麥組織裡隱藏的「祕密」。沒錯，就是「作為潤滑油的社會性」。

丹麥職場的人際關係沒有階級、較為輕鬆，然而如果彼此之間無法好好合作，就會變成一團混亂。

一個運作良好的職場，是因為具備「社會性」的員工讓機器順利運轉。

那麼，丹麥職場要求的「社會性」是什麼？

若能一探此社會性的真面目，或許就能知道丹麥組織生產力之高的理由了。

丹麥人這樣想60 有意識地將多樣化個性當成資源，加以活用

丹麥人這樣想61 讓團隊產能滿載的是員工的「社會性」

丹麥職場要求的「社會性」是什麼？——四個重點

創造高生產力職場所需要的「社會性」，具體來說是什麼？

這跟日本人想像中的「社會性」有些微本質的差異。

丹麥的社會性指的絕非配合他人。

關於在丹麥職場裡，打造出的丹麥式「社會性」可以整理為以下四點。

①以解決問題為目標——坦白溝通

第一個是以解決問題為目標，誠實且坦率溝通的能力。

丹麥人向來有話直說。他們不以忍耐為美德，在意的事情就視為問題提出、討論解決方案，擁有不對問題視而不見的文化。

出現問題就公開討論，一起摸索解決方法。

感到疑惑就直接詢問，有意見也直接表達。

達成社會性的第一項方法，就是以解決問題為目標的率直溝通。

丹麥人這樣想62 以解決問題為目的，直接溝通

②不認為質疑、表達意見是針對個人——對事不對人

在一個彼此直接表達意見的環境裡，若把別人提出的疑問或反對意見都一一視為個人批評的話，結果會讓自己無法承受。

丹麥人直接提出疑問或意見絕非出於惡意，完全沒有想傷害對方的意思。反而是因為信賴對方，認為可以一起揪出問題、尋求解決方案，才會坦率地表達疑問及意見。

因此，重要的是當對方率直地提出疑問或意見時，「能夠不認為是針對自己個人」。對方批判的是工作方法，而不是針對你。對方否定的是你的意見，而不是你的存在。

當被批評時，你必須將問題點與自我切割掌握。當你傳達疑問及意見時，也是一樣做法。

陳述反對意見，跟否定對方的存在是兩回事。尊重對方的同時，也能夠表達反對意見，也可以對工作方法提出疑問。

無論是自己表達意見或聽別人的意見，都要有「對事不對人」的心態，這種時候必須

將批評、質疑與自我的存在分開看待。

雙方意見不合時，不代表否認彼此的存在。

不需要因為意見不同或工作遭到質疑，就認為對方否定自己，也不需要自我否定。

以解決問題為目標，將問題與自我切割，學會「不將批判視為針對個人」的話，就能實現誠實、坦白的溝通。

丹麥人這樣想63 不認為批判是針對個人自己

③選擇「戰場」——只關注核心

那麼，即使有一個能夠充分表達意見的環境，但如果大家對任何事情都互相表達意見，職場會變成怎麼樣呢？如果連細節處都要相互說出每個意見的話，工作就很難順利進行，這一點並不難想像。

所以要「選擇戰場」。不要在意細節，不必堅持所有的一切。

如果是對自己來說，不那麼重要的事，就「退出戰場」。

單就細節上認真，或許能在此處達到成果。但若過於執著於細節，最終可能浪費彼此的能量。

因此，面對不那麼重要的部分，就必須有交涉、讓步的「妥協力量」。當然，不能只是一味妥協。

面對自己工作核心的重要事物，就要起身戰鬥。關於自己核心的重要事物，一定要清楚明確地表達己見。

面對緊要關頭，面對自己說什麼也不能妥協的重要局面時，就不能不起身戰鬥。這時就要誠實、率直地表達己見。

丹麥人這樣想 64 **核心部分絕不退讓，其他都可以妥協**

④民主的禮節——平等傾聽全員意見

與立場無關，大家都有平等表達意見的權利。

丹麥職場雖沒有階級、相處起來較為輕鬆，但有必須平等地讓所有人表達意見的「民主規定」。

誰先說？何時換自己說？自己說完後，接著把麥克風傳給別人說。如同讓所有人都能發言般，大家遵守必須遵循的規定。

丹麥人希望避免破壞誰都能對等表達意見的非正式文化，是因為大家都有一個基本態度，就是所有人表達自己意見的同時，也要對等地傾聽其他每一個人的話語。因為有這樣的態度，才能接受不同的意見，以解決問題為目標，沉穩地進行討論。

表達自己的意見，也傾聽他人的意見。這麼做並不需要犧牲自己、配合他人，也並非是不顧他人，以自己為主。彼此之間不是競爭，而是互相尊重。

當身旁圍繞的都是願意傾聽自己意見的上司、同事、下屬，就能身心健康地工作，這一點非常重要。

在丹麥職場，大家會表達自己的意見，也會傾聽他人的意見。有了這樣的基礎，職場上有問題時，大家便會透過對話，摸索妥協點和解決對策。

丹麥人這樣想65 平等傾聽全員意見——理解民主的禮節

「適才適所」×「社會性」，成果最強！

此處為大家簡單整理我至今描述的丹麥組織強項。你一定也能運用到自己的組織上。

第一，重要的是「適才適所」。

丹麥採職務型雇用，與其說是員工進入一間公司就職，更像是擔任某項特定的「職務」。由於一開始招聘的就是，具備該領域的專業知識、對工作內容有興趣的對象，因此自徵人階段就有很高機會實現「適才適所」。基本上不太會發生不符合期待的人事分派狀況。

也就是說，每一位員工的到職都是最初便針對特定職務所採用的人才。員工不需要發揮多種才能。就像一個特定零件，跟其他零件一起搭配運作，只要能在組織中發揮「角色」就好。

接著，第二重要的是「社會性」（潤滑油）。

①以解決問題為目標——坦白溝通

②不認為質疑、表達意見是針對個人——對事不對人

③選擇「戰場」——只關注核心
④民主的禮節——平等傾聽全員意見

只要兼具這四個「社會性」，就能改善人際關係，讓溝通更加順利。「適才適所」×「社會性」（潤滑油）能夠讓組織創造最好的表現。

丹麥人這樣想66
「適才適所」×「社會性」（潤滑油），打造最強團隊

最佳成果來自「好能量的循環」

最後，我想針對目前為止的說明，做個總結。

為什麼丹麥的國際競爭力是世界第一？

因為每個成員都具備了「社會性」潤滑油，他們擔負起配合個性和興趣的「適才適所」角色，全員因而能發揮最佳能力且得到成果。

其中沒有「勉強」的成分。

因為員工負擔起適才適所的職務，所以團隊內的成員能夠互不勉強地工作。

職務型雇用，讓各自都能擔任適才適所的角色，因此產生了團隊角色分工中「沒有勉強的關係」。而且，正因為不勉強，彼此才能夠維持好能量，並投入於工作。

工作角色分工上不勉強自己，也不勉強別人。

個人上也不勉強自己，也不勉強別人。

不只是適才適所，丹麥組織更是建立在「不勉強自己，也不勉強別人的關係」上。例如以下例子：

- 自己重視私人生活，所以也希望大家重視私人生活。
- 自己會休假，所以希望大家也能休假。
- 喜歡穿著自己喜歡的衣服工作，所以希望大家也穿著喜歡的衣服工作。
- 習慣用自己容易處理的方法工作，所以希望大家也用容易上手的方法工作。
- 自己也可能失敗，所以能夠接受大家的失敗。
- 自己會坦率地表達意見，所以希望大家也能坦率表達意見。

・自己絕不勉強別人，所以也希望大家都不要勉強別人。

大家有什麼感覺呢？我應該可以說，丹麥的組織是由「不勉強自己，也不勉強別人的關係」所組成的吧。

不勉強自己，也不勉強別人。這是讓彼此都輕鬆的「平等」。

也就是說，這不是「我在勉強自己，所以希望其他人也要勉強自己。我也在忍耐，所以希望大家也要忍耐」的下調式平等。

而是「因為我也不勉強自己，所以希望大家不要勉強自己。我自己也不忍耐，所以希望大家不要忍耐」，這是讓雙方都輕鬆的方向，是「上調式平等」。

不勉強自己，也不勉強別人。

如此一來，不勉強自己也不勉強其他團隊成員，就能保持好能量的流動。

當成員人人都能互相維持好能量，就能激發內心熱情投入工作。當好能量不斷循環，就能發揮出最佳表現。

所以，我們不要勉強自己，也不要勉強其他人吧。

從「不勉強自己，也不勉強別人的人際關係」，到產生好能量的循環，創造出最佳的表現。

丹麥人這樣想 67

「不勉強自己，也不勉強別人的人際關係」，能創造最佳表現

第 4 章

培育國際競爭力的社會「架構」——以轉職為前提的資歷養成

以上我們談了「國際競爭力世界第一」丹麥人的工作模式，你覺得如何？大家怎麼看丹麥人對「時間」及「人際關係」的觀點呢？你若也能在工作模式上獲得啟發，我會非常開心。

接下來，大家應該開始對丹麥人的工作觀及職涯觀感興趣吧。丹麥人有什麼樣的工作觀及職涯觀？又是如何發展職涯的呢？我將在第四章探討擁有高度國際競爭力的丹麥人，他們的工作觀及職涯觀。

希望以下內容能讓你回顧自身的工作及職涯，締造踏出新一步的契機。若是如此，我會非常幸福。

丹麥人的「工作觀」——思考「想做的事」與「意義」

你腦袋裡想的都是「工作」嗎？

工作在我們日常生活中，占了很大部分的位置。

只要思考一天、一週、一個月、一年、一生的工時，就會發現「工作」花去了我們多到不合理的時間。

接著，如果平常下班和週末都還想著工作的話，那生活會變得如何？這就好像把整個人生都奉獻給了「工作」。

請大家停下來想一想。

你到目前為止做過的工作，某種程度豐富了你的「人生」嗎？

跟丹麥人談話，你腦海中關於「工作」的圖像會跟著改變。

本章將介紹國際競爭力世界第一的丹麥人，如何看待工作及職涯。

私人生活第一優先

活躍於第一線的研究者、電影導演、翻譯家、建築家、經營者……。

我總覺得從事這類職業的人，感覺都把生命奉獻給工作了，似乎過著以工作為重心的生活。

但事實並非如此。當我詢問熱愛工作到不行的他們，人生中最重要的是什麼的時候，他們這樣回答：

雖然我也很喜歡自己的工作，**但說到人生中最重要的東西，是家人吧**。

雖然知道丹麥是個講求生活及工作平衡的國家，但這樣的回答還是令我感到意外。主因是丹麥的離婚率很高。此外也有不少人未婚，但養育子女。

試著繼續傾聽他們的談話內容後，會發現當他們說到「家人」時，定義其實很廣。

親生的父母、養父母、與前任伴侶生的孩子、新伴侶、與新伴侶生的孩子、新伴侶跟其前任所生的子女等……這些都包含在他們所說的「家人」之中。

而且，有些受訪者沒有伴侶及子女，但表示自己的好朋友就像家人，對他們來說非常重要。

我在這裡想表達的是，就算是對工作投注再多熱情的丹麥人，依舊最重視「私人生活」。

即使日常生活再忙碌，也一定會優先確保私人生活時間，將「扣除家庭剩下的有限時間」才拿來投入工作。這就是丹麥風格。

即使是工作忙碌、因而暫時被迫必須以工作為優先的時期，等工作告一段落後，他們還是會恢復以私人時間為優先。

生活偶有失衡，之後再調整就好。

生活中永遠都有「跟重要的人一起，創造無可取代的時光」。

這種時光平靜安穩。

我應該可以這樣形容，這是放鬆身心，跟親密的人共度的重要時光。

放下手機，不在意「外面的世界」，不被時間追趕，身邊圍繞著重要的人，一起享受當下。

晴朗夏日就躺在公園草地上聊天，在露臺享用美酒，在院子烤肉。去森林或峽灣散步，在湖中游泳，邊搭船邊喝酒，感謝熱情炫目的太陽。

冬日就點蠟燭，吃點手工蛋糕，搭配熱茶。不刻意大笑故意將場子弄熱，也不抱怨人生，也不將場子變成抱怨大會，就是寧靜感受當下平靜的美好。

丹麥人一邊守護著這些豐富的時光，一邊工作。

丹麥人這樣想 68 打造「平靜安穩」的時光

工作不是賺錢的手段!?

一邊守護「私人生活」一邊工作，這對丹麥人來說是絕對不可退讓的條件。

我採訪丹麥人之後發現，當然不是全部人都對工作感到滿意，也不是所有人都可以將喜歡的事物變成工作，也有受訪者對於薪水及工作環境感到不滿。

不過一般來說，丹麥人還是喜歡工作。各種調查結果都顯示，丹麥人對工作有較高的滿意度。[30]

大多數情況，工作對丹麥人而言，不只是賺錢。因為在丹麥，收入愈高要繳的稅金也愈多，所以薪水並不是他們工作的動機。

那麼，對丹麥人來說，工作的目的是什麼？

關於這點，採訪過程中經常出現的關鍵字是：「自我成長」、「自我認同」、「意義」。

工作是為了「自我成長」——將工作視為教育機會

在世界最先端共享辦公室「BLOXHUB」，擔任公關長（chief communications officer, COO）的安柏莉表示，她經常帶著「自我成長」意識來選擇工作。

最初她在美國公司的創新部門擔任智庫，回到丹麥後，她持續在創新相關事業工作，但沒有一份工作超過五年。她追求新的一步，經常不斷接受挑戰。

我第一次與安柏莉見面是在二〇一四年。當時她任職於丹麥一間大型出版社的創新事業部門，在針對日本媒體的開發專案底下，我是她雇用的翻譯兼作者。那時我才剛從丹麥的語言學校畢業，卻能深刻地感受到她非常尊重我。

她也顧及我工作及生活的平衡，交派我工作前，一定會事先確認我有沒有時間。她總是眉飛色舞地聊著專案，讓我感受到熱情，也很會引導我工作的方向。結束工作時，她總是感謝我，我跟她一起共事真的非常愉快。

之後就是二〇二三年。當時我為「日本富比世」發行的《WORK MILL》寫稿，而去共享辦公室「BLOXHUB」採訪，沒想到負責接待媒體、出來迎接我的就是安柏莉。我們彼此都驚訝不已，這是睽違九年的相見。

我詢問她的職場經歷，她說換了幾份工作才來到這裡。安柏莉表示：

> 我認為工作是追求自我成長的「教育機會」。**我藉由工作加強專業知識，也希望能讓溝通能力變得更好**。

她為了持續成長，經常尋求新挑戰。

因為她對工作的想法如此，所以也期待下屬能夠把職場當成教育機會來活用。

> 我身為上司的任務，就是要讓下屬持續成長。**我會詢問下屬，在職場有沒有想挑戰或想學的事**。只要有機會達成，我就會依照他們的希望分派「新任務」。

這麼一來，不只她自己，安柏莉也會提供下屬透過工作能自我成長的機會。

丹麥人這樣想69 將工作視為「教育機會」

工作是「身分認同」——見面時，你會先被問從事什麼職業

對多數丹麥人來說，工作是「身分認同」。

在丹麥，第一次見面的陌生人，會先詢問對方的職業。所謂職業，問的不是公司名稱，而是「工作類別」。例如，以下是一般典型的對話：

「您好，我是由佳。」

「您好，我是瑪莉雅。您住丹麥嗎？」

「是的，我跟我的丹麥先生、孩子一起住在羅斯基勒市。」

「這樣啊。**那您是做什麼的**？」

「我是記者，我為日本媒體寫丹麥相關的報導。」

「哇，聽起來很有趣耶。」

「瑪莉雅女士，**請問您從事什麼工作呢**？」

「我在市政府單位擔任活動企畫。」

「真的嗎？您都辦什麼活動呢？」

以上就是初次見面時常見的對話內容。我為了避免日本讀者讀來奇怪，所以用了敬語翻譯，但實際上的氣氛其實更為輕鬆。

如上述般，丹麥人第一次見面時，就會直接詢問對方「職業」。

為什麼詢問「職業」？

因為他們認為，詢問「職業」是了解對方最快的方法。

如果對方目前沒有工作，就會改問上一份工作或之前在學校讀什麼主修。因為丹麥人認為詢問職業或主修科目，就能大概理解對方是「誰」。

也就是說，丹麥人在初次見面、自我介紹時，詢問對方職業或主修科目的前提是，認為對方對什麼有興趣，就會在學校課程中學習，或者在未來從事有興趣的工作。

一般來說，丹麥人不只為了薪水工作，也會依照自己的興趣選擇出路。

此外，丹麥文化鼓勵轉職，不會勉強自己長年做沒興趣或不適合的工作。只要覺得工作不適合就會考慮轉職，重新調整職涯方向。因此，在丹麥，職業與就職者的興趣吻合度很高。

附帶一提，「我在○○工作」的說法，在丹麥不算自我介紹。「我在○○公司擔任△△工作」才算是自我介紹。比起你在哪個單位上班，丹麥人更想知道的是，你在組織裡負責什麼「職務」。

丹麥人這樣想 70 從興趣選擇職業

工作追求的是「意義」——「社會意義」與「對自己的意義」

還有，丹麥人在工作上追求「意義」。

追求工作的「社會意義」，同時也追求工作「對自己的意義」。

雅各布（Jakob Norman-Hansen）跟安柏莉一樣在共享辦公室「BLOXHUB」工作，負責建構全球網絡。因為「BLOXHUB」的會員都是從事與永續事業相關的企業或個人，因此雅各布的任務是建構聯結這些企業及個人的全球網絡。

雅各布也有各式各樣的工作經驗，他的第一份工作在衣索匹亞（Ethiopia）。當年他是歐盟（ＥＵ）職員，在衣索比亞工作了兩年。之後，在丹麥的環境部短期工作過，成為哥本哈根市政府的職員，從事永續事業相關工作。

接著，過去的工作經歷讓他成為支持海外企業及投資家的「哥本哈根投資中心」（Copenhagen Capacity, CopCap）祕書，現在則任職於「BLOXHUB」。

雅各布不把工作職等及薪水當成基準來選擇工作，關於此他是這樣說的：

> 我想做自己喜歡的工作。**因為有興趣，所以我想做有社會意義的工作，換句話說，就是對自己來說，具有意義的工作**。換句話說，我想做對我自己來說有意義的工作。我認為工作是否具有社會意義非常重要，因為這也代表著我如何看待自己。
>
> 雖然也有條件更好的工作機會，但如果對我來說沒有意義，我就會拒絕。

想做具有社會意義的工作，想在工作中感受到屬於自己的「意義」。不只是雅各布這麼想，在丹麥其實有愈來愈多年輕人都這麼認為。

現今的年輕世代，重視公司在社會中擔任的角色，也就是說重視公司的「社會意義」。例如，年輕世代相對在意環境保護，環保意識低的企業就不會成為年輕人的「就業選項」。

對年輕人來說，自己所屬企業的方針，必須與自身價值觀一致。對他們來說，企業方針比薪水更顯重要。

另一方面，也有年輕人想「籌措資金」去長途旅行或實現自己想做的事，因而選擇短期到餐廳工作。這些年輕人雖然並未追求工作本身的意義，但利用賺來的錢實現自己想達成的事，這就是為了感受「對自己的意義」而去工作。

丹麥人這樣想 71 選擇「對自己有意義」的工作

正向看待轉職的社會

丹麥人視工作為「身分認同」，在工作中追求自我成長及意義，因為對「轉職」抱持正面態度。在同一個職位工作近十年的露易莎這樣說：

履歷書上有轉職經驗比較好。因為有轉職經驗表示，對方有彈性可以接受新挑戰。

露易莎認為現職很適合自己，真心熱愛這份工作，所以持續了將近十年。不過，為了不限縮自己未來的可能性，她覺得差不多是時候換新工作了。

在丹麥社會，每隔幾年換工作的人會得到好的評價，而長年待在同一職場的人則會被認為是「難以接受變化的人」，反而不容易獲得採用。在同一家公司待了十年以上的人，自己都會覺得「再這樣下去不行」。

我採訪的丹麥人當中，每一個都有轉職經驗。除了自己開公司、獨立創業的人之外，誰都做過好幾份工作。大多數的人也都是每隔幾年就換一次工作。也因為這樣，採訪一個人就能聽到各種職場的故事，也能聽到丹麥人自己的「丹麥職場」分析，對此我非常感謝。

沒有明確的職涯規畫

丹麥不像日本有每年定期統一招募應屆畢業生的制度，每個人都是按照自己的節奏找工作的。

總之，從跟自己專長接近、感興趣的職場種類開始做實習生，等逐漸學會工作的做法之後，再跟同公司交涉、談加薪。又或者是轉到相同業界的其他公司工作，開始領取較高的薪水。這是丹麥新鮮人投入職場的常見模式。

之後，有些人開始被公司交派責任更重大的工作，在公司內部獲得升遷；也有人覺得目前工作跟自己的個性及興趣不符而選擇轉職。多數人在同一業界內換工作，但轉往完全不同行業的情況也不算少見。

傾聽受訪者的談話內容，我發現幾乎沒有人最初就能做出明確的職涯規畫，照計畫展開職涯，沒有這樣的印象。

哈斯非常熱愛工作，關於職涯他這樣說。

> 我的職業生涯是各種偶然的累積。**我一次都沒有做過職涯規畫，我覺得自己只是順著好奇心，持續工作至今。**我不曾為了經濟因素換過一次工作。我只是經常跟著好奇心走。因為，對我來說，工作必須是拿來享受的。看起來有趣的工作、感覺可以學到什麼的工作、尋求對自己有意義的工作，這些才是我換工作的理由。

哈斯目前在歐登斯（Odense）市政府擔任主管，管理近一千三百名員工。然而，我在訪談中完全感受不到，他是為了職涯晉升而努力往上爬。他真的單純只是完全投入於眼前的工作，等他發現時，不知何時就當上主管，擔負起較大的工作。

另一方面，凱特琳娜則是有意識地追求職等的升遷。

她任職於電視產業，以追求責任更大的工作及更好的薪水為目標，慢慢累積資歷。她最大的一次升遷是從公共電視台跳槽到民間電視台，薪水大幅上升。

然而，她此時五十歲，決定在職涯上「降級」，準備換跑道到非政府組織（Non-Governmental Organization, NGO）工作。換工作，她的薪水會變少。她之所以做出轉職決定，是因為想從事具有「社會意義」的工作。

丹麥人這樣想72 追求興趣及意義而積極考慮「轉職」

為了讓自己能對社會有所貢獻

跟丹麥人談話，我總感覺到他們抱持著「希望自己對社會有所貢獻」的心情。

哈斯獲得了豐厚的薪資，也繳納高額的稅金。當我問他對於要付這麼多稅金有什麼想法時，他毫不考慮地回答：

我付稅金付得很開心，繳更多稅也沒關係。

或許這番說詞令人感到驚訝，但在丹麥，像哈斯這樣回答的人不在少數。在他們的想法裡，繳稅也等同於貢獻社會。

有這層背景是因為政府被國民信賴，丹麥政府與國民之間有良好的信任關係。丹麥國民從日常生活中，就能感受到政府認真地把稅金用在應該使用的地方。

即便如此，丹麥人對於社會貢獻的意識還是很高。或許大家不容易理解社會貢獻之意，其實就是思考自己希望有什麼樣的社會，為此自己能做什麼。

我希望有一個不管家裡經濟狀況如何，所有生病或遭逢意外造成身體不便的人都能夠接受醫療的社會。我希望社會上的所有人都能接受同等級的醫療及復健服務。**我希望這是一個大家都擁有同等權利的社會，所以我很願意付出稅金。**

我從哈斯的說話語調中，感受到他是真心誠意地這麼想的。

此外，經營「TAKE BACK TIME」公司的培尼雷在訪談最後，也熱情地述說著他人生最重視的是什麼。

人生最重要的就是，成為能為別人貢獻的自己。我追求更好的自己，希望可以因此支持更多人。

我認為當人生最後一刻來臨時，大家問的不是你有多成功，而是你對人有什麼貢獻。你對孩子及對同事，是什麼樣的存在？生為世界公民的一分子，你又是什麼樣的存在？我覺得是這樣的問題。

培尼雷回答時強而有力的聲音，至今仍餘音繚繞。

丹麥人這樣想 73 成為對社會有所貢獻的自己

企圖心與意志創造出「高度生產力」

如前所述，丹麥人為了追求自我成長，追求社會意義，追求發現屬於自己的意義而投入工作。

丹麥雖然是小國，但丹麥人卻能在各個領域嶄露頭角、帶領世界潮流，或許原因是丹麥人在工作上按照自己的方式發現意義，抱持著興趣及熱情投入工作吧。

卡斯汀曾在樂高公司工作七年，目前從事網路環境規畫工作。他這樣說：

丹麥人的工作水準之所以高，我認為是因為大家都帶著熱情工作。我們正在做的不僅僅是「工作」。對我們來說，「工作」就是生活方式，是自我身分的認同。

我想我們擁有好奇心，有充滿熱情的動機與意志，所以工作時才能達到高水準。愈是能在工作中感到喜悅，工作就會充滿「靈魂」。

對工作的熱情及喜悅才能帶來最好的表現。生產力源自於「喜悅」和「熱情」。

丹麥人這樣想74 生產力來自「喜悅」與「熱情」

我眼中的丹麥

請教尼可拉斯・布倫伯格世界第一的「生產力祕訣」

丹麥年輕的分子生物學家尼可拉斯・布倫伯格（Nicklas Brendborg），是個人世界競爭力排行頂尖的人物之一。他高中畢業成績全國第一，也是當時的話題人物。目前他從事分子生物學研究，同時出版著作和舉辦演講。我先前參加的那場演講在大型場地舉辦，當日座無虛席。演講內容淺顯易懂，非常吸引聽眾。

尼可拉斯在丹麥出版的著作大受歡迎，連續幾年一直蟬聯暢銷書排行榜。之後更翻譯成世界二十六國語言，在日本也有譯本出版，書名為《壽命駭客》（寿命ハック）。[31]

這次真的十分難得，我非常榮幸終於採訪到極為忙碌的尼可拉斯。

重要的是：家人和自己的健康

我最想了解的是，尼可拉斯「做出成果的祕訣」。

他高中畢業時，全部科目都獲得高分，從事研究的同時，還寫出暢銷全球的作品，是備受世界矚目的研究學者。到底尼可拉斯用什麼方式工作？他人生中最重視的又是什麼？

尼可拉斯的回答超乎我的預期。

我原本以為，他擁有如此卓越的成就，一定是過著埋首學業及工作的生活。然而聽著他的回答後，我發現完全不是這麼一回事。

尼可拉斯的好奇心旺盛，對所有事情都強烈地想要了解，自然而然學習了許多知識。雙親從來不強迫他唸書，也沒有制定什麼家規，親子關係自小開始就非常穩定、放鬆。

當我問他：「人生中最重要的是什麼？」時，尼可拉斯毫不猶豫地回答：「當然是家人啊。我非常重視我的家人。」「重要的是家人健康有活力。健康非常重要，因為有健康，才能從事各式各樣的活動。」

而且，「我自己也要保持健康。」他又說：「我希望盡可能活久一點，因為人生中有太多想嘗試的事。」

希望自己重視的人長命百歲，希望自己長壽，受訪的回答跟他的研究主題一致。因為他認為活得健康長壽很重要，所以一直在做長壽及長生不老的研究。

起床後直奔書桌

尼可拉斯在自由時間及週末時間，會跟家人、朋友共度。夏天就去水岸邊或市區走走，有時跟朋友一起喝啤酒。長假時約朋友到世界各地旅行，探訪未知之地是他很大的樂趣。

沒想到他的生活過得既放鬆又愉快，這是我的第一印象。不過，接下來他要說的才是重點，真不愧是尼可拉斯。

尼可拉斯表示自己提高生產力的最大武器是「睡眠」。睡七小時，可以的話盡量睡足八小時。為了提升睡眠品質，他選擇好床墊。保持臥室空氣清淨，將室內調整為剛剛好的濕度，營造出一個沒有聲響、寂靜的空間。

他好好睡了一覺之後，晨起沐浴、吃早餐，之後就著手大型專案工作。有時他會跳過早餐，直接坐到書桌前。

重要的是，他把握頭腦清醒的上午時間，專心處理較大型專案的工作。上午時間留意不花時間在檢查手機上，為自己打造一個不被打擾、專注力不容易分散的環境，讓自己可以百分之百地專心工作。

例如，他都在上午寫作，他設定五十分鐘書寫，時間一到鬧鈴就會響起。他專心工作五十分鐘，之後休息十分鐘，呼吸一下外面的空氣，再喝點水。之後再繼續工作五十分鐘，然後休息十分鐘。「五十分鐘專注工作＋十分鐘休息」的循環，大概會持續四到五次。

接著，下午時間就改做性質比較輕鬆的工作。基本上他會回覆電子郵件、開會，或是做小型實驗。

這是尼可拉斯的日常作息。當然不是每天都能按自己的理想作息執行，有時也會有緊急、必須馬上處理的工作，但他盡可能地維持基本作息。

不只是日常作息，「投入什麼工作」也很重要。尼可拉斯表示，若想要做出成果，最重要的是投入自己喜歡的工作。

即使用盡全力努力，也贏不過因為喜歡而工作的人。如果真的想追求成果，那就必須做自己喜歡的事。**即使是為了責任而拚命努力，還是贏不過滿腔熱血的熱情。**

面對目前蜂擁而至的工作邀約，尼可拉斯只選擇重要的工作，其他都婉拒。而且，將節省出來的時間投入自己真正想做的事，以及享受私人生活為自己充電。

丹麥人這樣想75 維持七～八小時的睡眠↓提高生產力

丹麥人這樣想76 「早晨時光」投入大型工作任務

丹麥人這樣想77 「專注時間」不看手機

丹麥人這樣想78 沒有什麼可以贏過「滿腔熱血」

丹麥追求「適才適所的配對」——將社會資源活用到極限

露易莎在成人教育機構擔任教師，表示這裡是協助成人進行「人生重來」的地方。她不經意地說：

在自己擅長的領域發揮，就能做出成果。當每個人都做了適才適所的工作，社會整體的生產力就會提高。

仔細想想，丹麥確實是一個更能實現「適才適所配對」的國家，政府單位在制度上提供資源，幫助國民找到合適的工作。

維持高福利國家正常運作，必須有高賦稅率支持，這也是打造國政大事的背景。不過，提供從小學到大學的免費教育、成人的生涯教育機會等，建構起人人持續開啟自我潛能，整合出能夠修正職涯的社會機制。

此外，丹麥文化中，職務型雇用及中途雇用[32]的做法都很一般，這也讓轉職變得容易。

我們都有自己獨特的個性。有強項，也有不拿手的地方。對於某些事物我們懷抱著無止盡的熱情，但遺憾的是，有些事我們再怎麼努力也沒有興趣。

同時，人生有不同的階段。環境也會隨著搬家、懷孕生產、育兒等而改變。感興趣的事物及價值觀也會跟著變動，心情會隨之不同。

人就是個性多樣，同時經常發生變化，丹麥社會不否認並接受這種人「像人類的地方」，因此意外發生時，丹麥更準備好社會安全網並提供教育機會，支持每個人重新修正職涯的機會。完善社會機制讓國民更容易因應時刻變化，隨時都能輕鬆地轉職、離職，然後重新再就業。這麼一來就能讓沉睡在社會中的珍貴「人力資源」發揮最大效用。

這就是丹麥社會，也是實現「適才適所配對」的社會。

失敗沒關係，改變做法也無所謂，休息也可以。休息之後，再重新出發也不要緊。狀況時刻都在改變，保持彈性、調整職涯方向就好。

大家這麼相信，且隨時都能再次挑戰的社會，就在丹麥。

依據丹麥最大經營者聯盟（Dansk Arbejdsgiverforening, DA）的數據統計顯示，丹麥一年的離職率約為三〇%，就業率及轉職率更高。[33]從這個數據可以看出，就算離職還是有其他受雇機會，每個人隨時都能彈性地轉職、離職、再就業。

在丹麥奧爾堡大學（Aalborg University, AAU）研究勞動市場的海尼格・約肯森（Henning Jørgensen）表示，每個丹麥人一生的轉職次數，二〇一七年平均超過七次。他預測在不久的將來，每個丹麥人一生的轉職次數，平均會超過十二次。[34]

丹麥即將迎來，每隔數年就換工作的轉職時代。

後記

非常感謝大家閱讀到最後！

讀完本書的你，有什麼想法呢？

若本書能在你探討獨特的工作模式或生活方式，抑或是思考組織改革上產生靈感的話，我真的相當幸運。

請別過度認真努力，我希望大家都能以遊戲的心情展開實驗。

還記得我在〈前言〉說的，我的「生活方式改革」的故事嗎？

之後，我的生活方式改革成果如何？

正如我在〈前言〉所說，本書的出版計畫也是我個人的「親身實驗」。

這是一場我透過採訪國際競爭力、幸福度皆為世界第一的丹麥人，一邊將獲得的靈感整理於書中，一邊實際上也挑戰自己「生活方式改革」的實驗。

其實我在撰寫本書之前，寫了好幾版的〈前言〉給擔任編輯的總編大隅元過目。跟大隅商量哪個版本比較好時，對方回答「親身實驗版本」很有趣！

我於是順水推舟，按照步調從試寫的〈前言〉開始，透過書寫，自己也展開生活方式改革的計畫。

本書的出版計畫也帶給我壓力。

因為如果我投入改革計畫卻造成家庭失和的話，計畫本身就會以失敗告終。追求工作及生活平衡是本書的精華所在，中途若家庭解組不僅本末倒置，也失去了說服讀者的力量。

老實說，我不是沒有自己家庭，會連同本書出版一起崩壞的不安。

然而，實際上後來的發展完全超乎我的預期之外。

事實上，開始寫作本書之後，我跟先生的關係有了戲劇性的改善。

過去我的生活方式是，塞滿了跟各式各樣的人互通郵件或線上聊天、不著邊際的對話或朋友的交際應酬。

雖然我開心是開心，但一旦將時間花在那上面，就是單純消耗了時間與精力。我不太會喝酒，跟朋友暢飲的隔天都在宿醉。

此外，因為我在社群平台上會跟不同群組的人聊天，跟家人在一起的時間也會查看手機有沒有訊息要回覆，心思完全飛去別的地方。我這幅模樣根本不可能得到先生的支持。

不過，決定專心寫本書時，我改變了。而且，看著轉變的我，先生對我也改觀了。

對我來說，說什麼也不想放棄撰寫本書，這是我人生的一大計畫。無論如何我都想全心投入。因此，如果至今我重視的有一百件事，就算要我放棄九十五件也無所謂（真正重要的事物，即便這樣制定優先順序也一定會留下）。

我把這樣的想法跟先生說了。他認真地傾聽我想做的事。然後這樣對我說，也就是我在〈前言〉也寫過的那段話。

我很支持妳的出版工作，不過，我真的希望妳可以改變現在的生活方式。我希望妳能好好睡覺，好好放假，希望妳可以重視跟家人相聚的時間。只要工作效率好，就算短時間也應該可以做出成果吧。

現在我思考這番話，真的很丹麥風格。沒錯。畢竟我的先生就是「丹麥人」。不管怎麼做，我必須確保和家人悠閒共處的時間，一邊思考工作與生活平衡，一邊推進出版計畫。

那麼，該怎麼做才能改變生活方式？

蒐集靈感意外簡單。因為我為了本書，採訪了許多丹麥人，他們的受訪內容都給了我許多改變的靈感。感謝他們的幫忙，讓我在全力撰寫的同時，也能改變自己的生活方式。

其實，寫作期間我休了大約六週的暑假。先生跟我都是自雇者，因此我們家的時間很彈性。休假期間我的寫作完全停擺（感謝編輯的理解）。

雖然我也覺得休六週好像太久，但我們去了夏季小屋、去露營、去拜訪家人，還跟許多來自日本和海外的友人相聚聊天，每天都過得充實、快樂。

傍晚時我們全家養成去附近湖泊游泳的習慣，我也好開心。陽光反射在水面上，閃閃發亮的風景，成了美好的夏日回憶。

現在我們夫妻的關係非常穩定。

我們尊重彼此的工作，也共享悠閒的家庭時光。

我們歷經許多曲曲折折才走到這裡，真的發生了許多事，但現在先生理解我並支持我，我真的再感謝不過了。

感謝先生下午三點回家，在家裡等孩子放學，還為我們準備晚餐。如果沒有他，我不可能完成本書。藉此我想說，真的謝謝你。

針貝有佳

謝辭

最後，這本書可以順利出版，我由衷感謝以下各位。

感謝長倉顯太、原田翔太，謝謝兩位提供給住在海外的我出版機會，並在整個出版過程中始終支持我。感謝以東京學藝大學教職研究所的渡邊貴裕副教授、小田康介為首，以及在東京學藝大學教職研究所參與研修課程的所有現任教職員，謝謝您們提供我練習出版企畫發表的場地並回饋我意見。感謝株式會社to代表取締役社長濱野和城，謝謝您指導我如何做出版企畫的報告。感謝陶藝家SHOWKO，謝謝您針對出版挑戰，跟我分享您自身的作品製作及寫作的過程。感謝同志社大學的太田肇教授，謝謝您針對日本社會的組織狀態提出問題意識，並提供建議。感謝作家有川真由美，從企畫書製作到開始寫作的階段，給予我各種角度的建議。感謝MHI Vestas公司社長山田正人，感謝您分享帶領丹麥及日本合資公司的經驗，給予我諸多啟發。感謝ＰＨＰ研究所商業書總編大隅元，謝謝您協助整合諸多版本的企畫書後，為本書定案，更在寫作的過程中一路陪伴。

若不是諸位的傾囊相助，本書不可能以這種形式問世。

真的非常感謝大家。

接著，感謝接受我採訪、為本書賦予生命的受訪者，除了道不盡的感謝，更想要為你們鼓掌。謝謝你們讓訪問變得如此精采。

Tusind tak for jeres deltagelse i interviews.

協助受訪（25 名）

Ann-Britt Elvin Andersen, Birthe Askjær Drejer, Carsten T. Sørensen, Dennis Morild, Emily Fromhage, Erik Weber-Lauridsen, Hasse Jacobsen, Helene Nyborg, Jakob Norman-Hansen, Jens Matthias Baecher, Kaspar Astrup Schröder, Katrine Aadal Andersen, Kenneth Sejlø Andersen, Lene Tanggaard, Louise Askjær Drejer, Louise Welling, Masato Yamada, Matthew Whitby, Mette Holm, Nicklas Brendborg, Pernille Garde Abildgaard, Steen Pipper,Søren Harder Nielsen, Narisara Ladawal Schröder (Em), Vincentz Costas.

附錄

跟丹麥人學「工作祕訣」

員工篇

- □ 1 確立優先順序，專注在「無論如何都想珍惜」的事物上，其他都斷然捨棄
- □ 2 決定下班時間，要有守護私人生活的「覺悟」
- □ 3 不勉強自己，也不勉強他人！關照彼此的「時間價值」
- □ 4 早上專心處理最主要的任務
- □ 5 將時間花在讓自己覺得快樂的工作上，跟對方在身邊就覺得開心的人一起消磨時間
- □ 6 不只做長期計畫，也擬訂一週計畫
- □ 7 以失敗為前提，盡情挑戰
- □ 8 一碼歸一碼，被外界批判也不要覺得是針對自己
- □ 9 可以拋棄固執
- □ 10 與其致力於個別任務上，更應了解「自己的角色」

- □ **11** 盡可能把會議數量及郵件副本減到最少
- □ **12** 確保自己有7小時以上的睡眠時間

主管篇（與下屬相處）

- □ **1** 支持下屬擁有充實的私人生活
- □ **2** 比任何人都率先回家！目標是下午4點就下班！
- □ **3** 將會議結束時間設在5分鐘內，絕不延長！
- □ **4** 召開活動或會議時，思考「真的有必要叫對方來參加嗎？」
- □ **5** 下屬的工作，不double check
- □ **6** 思考對下屬而言，什麼是達成目標的簡單方法
- □ **7** 失敗理所當然，不責備下屬的失敗
- □ **8** 為了下屬，偶爾也要對上司說NO！
- □ **9** 不要什麼都配合下屬
- □ **10** 明白指出有問題的行為
- □ **11** 敞開主管辦公室大門或隔間

□ 12 優先傾聽下屬的意見

主管篇（創造工作環境）

□ 1 工作空間保持休閒、開放！
□ 2 對服裝、形式、程序、規定不要過於吹毛求疵
□ 3 使用升降式辦公桌
□ 4 員工若有需求，許可彈性工作制
□ 5 彈性在家工作ＯＫ！
□ 6 營造加班後就多休息的文化
□ 7 將「休長假」變成義務
□ 8 鼓勵員工在上班時間起身散步！
□ 9 一週一日，讓員工試著做「想做的事」
□ 10 針對員工興趣及意願，做「適才適所」的安排
□ 11 員工失敗時，一起解決
□ 12 無關職稱、性別，平等傾聽大家的意見

註解

1 IMD World Competitiveness Center: "IMD World Competitiveness Ranking" 2022 & 2023.

2 IMD World Competitiveness Center: "IMD World Digital Competitiveness Ranking 2022"

UN: "E-Government Survey 2022"

Yale Center for Environmental Law & Policy and The Center for International Earth Science Information Network Earth Institute, Columbia University: "Environmental Performance Index 2022"

Sustainable Development Solutions Network: "Sustainable Development Report 2023"

3 編按：2024年，丹麥的國際競爭力跌至第3名，根據丹麥財經媒體分析，排名下滑原因為：高昂生活成本及缺乏國外投資、低工作時間和低人口成長。此外，2024年的永續發展報告，一至三名分別是：芬蘭、瑞典和丹麥。

4 編按：丹麥面積是42,552平方公里，比台灣36,193平方公里大。

5 Statistics Denmark: "Population", 2023

住民基本台帳に基づく人口、人口動態及び世帯数（令和5年1月1日現在）（総務省、2023）

Statistics Denmark: "Area", 2023

Sustainable Development Solutions Network: "The World Happiness Report 2023"

OECD: "Poverty rate", 2023

OECD: "Income Inequality", 2023

Transparency International: "Corruption Perceptions Index 2022"

IMD World Competitiveness Center: "IMD World Digital Competitiveness Ranking 2022"

IMD World Competitiveness Center: "IMD World Competitiveness Ranking 2023"

6 IMD World Competitiveness Center: "IMD World Competitiveness Ranking" 2022 & 2023.

7 IMD World Competitiveness Center: "IMD World Digital Competitiveness Ranking 2022"

8 The Economist Intelligence Unit Limited: "Assessing the best countries for doing business", 2023

9 編按：樂高的企業傳記故事，可參閱商業周刊出版部的作品《玩得好！樂高商業冒險之旅：樂高唯一授權傳記．百年品牌用小玩具激發全世界想像力》。

10 編按：台灣則是由THL新臨集團，於2019年起代理嘉士博集團商品。

11 編按：根據丹麥統計局2024年6月15日的網頁顯示，丹麥人口數為596萬9,774人，將近600萬。根據2022年內政部統計，台北市為246萬681人，新北市為399萬5551人，人數加總為647萬6232人。

12 IMD World Competitiveness Center: "IMD World Competitiveness Ranking" 2022 & 2023.

13 編按：最新2024年國際競爭力排名日本為第38名，台灣為第8名，美國為第12名，韓國為第20名。台灣在67個受評國家中，連續5年排名爬升後，今年下滑，較去年退步兩名，主因是受全球終端需求疲軟衝擊台灣製造業出口成績。不過在人口超過兩千萬人的經濟體中，連續四年排名蟬聯世界第一。

14 IMD World Competitiveness Center: "IMD World Competitiveness Ranking 2023"

15 編按：同年2023年的台灣經濟表現是第20名，政府效能是第6名，企業效能是第4名，基礎建設是第12名。

16 IMD「世界競争力年鑑2022」からみる日本の競争力（三菱総合研究所、2022）

IMD World Competitiveness Center: "IMD World Competitiveness Ranking 2023"

IMD World Competitiveness Center: "IMD World Competitiveness Ranking Criteria used in 2023"

17 DI Business: "IMD Danmark ligger i top på global konkurrenceevne", 06.14. 2022.

18 Yale Center for Environmental Law & Policy and The Center for International Earth Science Information Network Earth Institute, Columbia University: "Environmental Performance Index" 2020 & 2022.

19 編按：2024年環境績效指數，丹麥為第10名，台灣則為第59名。

20 Sustainable Development Solutions Network: "Sustainable Development Report" 2016 - 2023

21 UN: "E-Government Survey" 2018, 2020 & 2022

22 City of Copenhagen: "The Bicycle Account 2022 COPENHAGEN CITY OF CYCLISTS"

23 UN: "E-Government Survey" 2018, 2020 & 2022

IMD World Competitiveness Center: "IMD World Digital Competitiveness Ranking 2022"

24 MobilePay: "The Story of MobilePay" 2023

25 Borger.dk: "Kørekort-app""Sundhedskort-app"

26 Regeringen.dk: "Alle restriktioner udløber den 31. januar", 01.26. 2022.

27 Forbes Advisor: "Worldwide Work-Life Balance Index 2023", 03.02. 2023.

28 譯註：日本企業文化中，依年資及職位論資排輩，制定標準化薪水，年資愈長薪水愈高。

29 Blox.dk: "About BLOX"

30 European Data Journalism Network: "The job satisfaction map: these are the countries where workers live best" 12.12. 2022.

Ma gorzata Szczepaniak & Agnieszka Szulc-Ob oza: European Research Studies Journal Volume XXIV, Issue 1, 2021, "Associations Between Job Satisfaction and Employment Protection in Selected European Union Countries" , 2021.

31 編按：到目前為止，台灣並無譯作。

32 編按：不同於錄取應屆畢業生的「畢業生雇用」，「中途雇用」指的是雇用過去在其他公司，已有三年以上長期正職工作經驗的社會人士。

33 Beskæftigelsesministeriet: "Kvinder og mænd på arbejdsmarkedet 2023"

34 TV2: "Danskerne er europæiske mestre i at skifte job-og det kan godt betale sig" 02.25. 2017.

丹麥式幸福工作法：

為什麼丹麥人下午4點就下班？能高效工作、兼顧家庭又身心平衡的78個思考

作者	針貝有佳
譯者	劉亭言
商周集團執行長	郭奕伶
商業周刊出版部	
總監	林雲
責任編輯	林亞萱
封面設計	Javick工作室
內頁排版	陳姿秀
出版發行	城邦文化事業股份有限公司 商業周刊
地址	115台北市南港區昆陽街16號6樓
	電話：(02) 2505-6789　傳真：(02) 2503-6399
讀者服務專線	(02) 2510-8888
商周集團網站服務信箱	mailbox@bwnet.com.tw
劃撥帳號	50003033
戶名	英屬蓋曼群島商家庭傳媒股份有限公司城邦分公司
網站	www.businessweekly.com.tw
香港發行所	香港發行所 城邦（香港）出版集團有限公司
	香港灣仔駱克道193號東超商業中心1樓
電話	(852) 2508-6231　傳真：(852) 2578-9337
E-mail	hkcite@biznetvigator.com
製版印刷	中原造像股份有限公司
總經銷	聯合發行股份有限公司　電話：(02) 2917-8022
初版1刷	2024年8月
定價	380元
ISBN	978-626-7492-22-2 (平裝)
EISBN	9786267492246 (PDF) ／9786267492253 (EPUB)

國家圖書館出版品預行編目(CIP)資料

丹麥式幸福工作法：為什麼丹麥人下午4點就下班？能高效工作、兼顧家庭又身心平衡的78個思考/針貝有佳作；劉亭言譯. -- 初版. -- 臺北市：城邦文化事業股份有限公司商業周刊, 2024.08
面；　公分
譯自：デンマーク人はなぜ4時に帰っても成果を出せるのか
ISBN 978-626-7492-22-2(平裝)
1.CST: 勞動生產力 2.CST: 工作效率 3.CST: 丹麥
542.71　　113009765